소속되기 주저하는 이들을 위한 실천적 신앙 회복서

교회사랑 시리즈

바너버스 파이퍼 지음 · 구지원 옮김

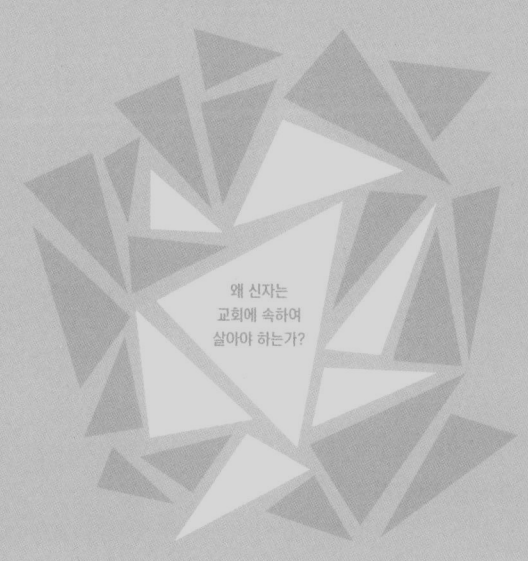

왜 신자는
교회에 속하여
살아야 하는가?

소속감
Belong
교회로 속하라

생명의말씀사

Belong, Loving Your Church by Reflecting Christ to One Another
(Love Your Church Series)
by Barnabas Piper

Copyright ⓒ 2023 Barnabas Piper
Originally published by The Good Book Company, UK.
All rights reserved.

This Korean Edition ⓒ Word of Life Press, Seoul, 2025.
Translated and published by permission.
Printed in Korea.

소속감, 교회로 속하라

ⓒ 생명의말씀사 2025

2025년 5월 28일 1판 1쇄 발행

펴낸이 | 김창영
펴낸곳 | 생명의말씀사

등록 | 1962. 1. 10. No.300-1962-1
주소 | 서울시 종로구 경희궁1길 6(03176)
전화 | 02)738-6555(본사) · 02)3159-7979(영업)
팩스 | 02)739-3824(본사) · 080-022-8585(영업)

기획편집 | 서지연
디자인 | 박소정
인쇄 | 영진문원
제본 | 보경문화사

ISBN 978-89-04-16921-4 (04230)
　　　978-89-04-70116-2 (세트)

저작권자의 허락 없이 이 책의 일부 또는 전체를
무단 복제, 전재, 발췌하면 저작권법에 의해 처벌을 받습니다.

소속감
Belong
교회로 속하라

추천의 글

"'교회 없는 그리스도인'이라는 모순어(矛盾語)가 낯설지 않고, 주일마다 교회에서 예배를 드리지만 교회에 속하지는 않은 채 살아가는 교인들, 매 주일 쇼핑하듯 교회에 출석하는 이들이 적지 않다. 교회에 적(籍)을 두고 열심히 교회 생활을 하지만 여전히 신앙은 개인주의 관점을 벗어나지 못하는 교인이 많다. 신앙생활을 어느 정도 한 사람이라면, 교회에서 상처를 받은 경험이 있거나 교회에 실망해 보지 않은 사람은 없을 것이다. 그래서 교회는 많은 신자의 애증의 대상이기도 한다.

바너버스 파이퍼의 『소속감, 교회로 속하라』는 앞에서 말한 모든 신자를 위한 책이다. 이 작은 책은 성경적 교회에 대한 모든 것을 말하지는 않지만, '왜 교회인가?' 또는 '왜 신자는 교회에 속하여 살아야 하는가?'에 대한 성경적 답변을 진솔하게 그리고 설득력 있게 제시한다. 1990년대 이후 한국교회에 수평 이동이 주요 현상으로 자리 잡게 되면서, 교회에 대한 성경적 가르침, 즉 성경이 가르치는 신앙생활이 본질적으로 공동체적이라는 가르침이 그 어느 때보다 중요하게 되었다. 이 책은 바로 이런 한국교회의 필요에 부응하는 적실한 책이다. 우리 교회의 교인들 모두가 그리고 한국교회의 모든 교인이 이 책을 읽었으면 좋겠다."

김형익 벧살롬교회 목사

"일반적으로 '소속되었다'라는 말은 통제받는 것과 행복을 누리는 것, 이 두 가지의 출발점이 된다. 그리스도인은 구체적으로 교회에 소속되는 일이 느슨해지거나 그 의미를 찾지 못하게 될 때, 방황하게 된다. 저자는 인생의 복된 의미와 행복을 이 '소속'에서 찾는다. 교회에 소속되는 '교회 됨'이라는 주제로 목회 평생을 살아온 나는 '그리스도 안에서'라는 복된 소속의 증인이다."

이강우 좋은나무교회 목사

"요즘 같은 시대를 핵 개인의 시대라고 한다. 핵 개인은 사회에서 누군가에 소속되기보다는 스스로 삶의 주도권을 갖고 자신이 원하는 삶을 선택하며 살기를 원한다. 처음에는 이런 삶의 형태가 편한 것처럼 느끼지만 조금만 지나면 무엇인가 잘못되었다는 것을 깨닫게 된다. 사람은 반드시 소속이 필요한 존재다. 하나님께서는 우리가 소속되길 원하신다. 이것 때문에 우리에게 교회를 주셨다. 수고하고 무거운 짐 진 자들에게 교회만큼 좋은 곳이 없다. 누구나 교회에 소속될 때, 예수님과 제대로 된 연합의 은혜를 경험하게 된다.

핵 개인 시대에, 교회 안에도 소속되기를 원치 않은 성도들이 많다. 그들은 아직 예수님과 진정한 된 연합을 경험하지 못한 것이다. 나는 그들이 모두, 꼭 교회에 소속되어 예수님이 주신 연합의 기쁨과 은혜를 경험하길 소망한다."

이정현 청암교회 목사

"교회는 단순한 모임이 아니라 그리스도의 몸이며, 우리는 그 안에서 진정한 소속감을 경험해야 한다. 『소속감, 교회로 속하라』는 교회가 그리스도의 몸으로서 서로 사랑하고 연합하는 방법을 실천적으로 제시한다. 이 책은 교회 안에서 하나님의 사랑을 실천하고, 진정한 소속감을 누리기를 원하는 모든 이에게 큰 도전을 줄 것이다. 교회가 그 본질을 회복할 때, 성도들은 치유와 회복을 경험하게 될 것이다."

이찬수 분당우리교회 목사

"우리는 구원받고 그리스도와의 개인적인 관계 속으로만 아니라 그분의 교회라는 공동체 속으로도 들어간다. 극단적 개인주의와 깊은 고독감이 팽배한 시대에, 바너버스는 교회의 목적과 아름다움, 교회의 가치와 위기를 보여주며, 자기 자신이라는 좁은 경계를 벗어나 더 큰 무언가, 곧 성도의 교제 안에서 정체성을 찾자고 초청한다. 이 책은 진정으로 소속되기를 갈망하는 모두에게 큰 도움이 될 것이다."

젠 윌킨(Jen Wilkin) 성경 교사

"우리의 지역 교회는, 그 흠과 결함에도 불구하고, 이 땅에서 천국을 맛보게 하려는 예수님의 목적을 갖는다. 바너버스는 목회적 따뜻함과 성경적 지혜로움으로 우리의 교회 경험이 어떠해야 하는지를 그려낸다. 이 책은 대단히 참신하며 실천 사항을 제시하여 실질적인 도움을 준다."

애덤 램지(Adam Ramsey) 호주 골드코스트 리버티교회 목사

"고립, 개인주의, 고독이 만연한 이 시대에, 교회는 인간이 공동체를 위해 창조되었음을 일깨워줄 수 있는 놀라운 곳이다. 인간은 하나님의 가족, 곧 교회에 소속되기 위해 창조되었다. 『소속감, 교회로 속하라』는 그리스도인들이 지역 교회에 우선순위를 둘 수 있도록 돕는 책이다. 이 책이 널리 읽히기를 기도한다."

J. T. 잉글리시(J. T. English) 콜로라도 아바다 스토리라인교회 목사

"우리 시대는 고독이 전염병처럼 퍼져 있다. 무언가 적극적인 조치가 취해져야 한다. 바너버스가 제시하듯이, 지역 교회는 가장 풍성하고 생명력 있고 지속 가능하게 소속감을 경험할 수 있는 중심점이다. 이 책을 강력히 추천한다."

스캇 솔즈(Scott Sauls) 내슈빌 크라이스트장로교회 목사

"대부분의 그리스도인은 지역 교회와 연결되고 섬기기를 진심으로 원한다. 다만 어디서 어떻게 시작해야 할지 모를 때가 많다. 그리스도의 공동체 안에서 사랑과 소속감을 누리는 방법에 관하여, 바너버스 파이퍼는 위협이나 조작 없이 쉽게 다가갈 수 있는 지혜로운 조언을 제시한다."

러셀 무어(Russell Moore) 「크리스채니티투데이」 편집장

"바너버스 파이퍼는 '교회 가족에 소속된다는 것'의 진정한 의미를 진심과 생명을 담아 일깨워준다. 이 책을 강력히 추천한다. 이 책은 당신이 교회에 대해 다르게 생각해 보고 교회 가족을 더 깊고 진실하게 사랑하도록 도전하고 영감을 줄 것이다."

제니 리스(Jenny Rees) 영국 여성 연합회 회장

"이 책은 복음을 따뜻하게 비추는 교회 문화를 세우기 위한, 반가우며 꼭 필요한 비전을 제시한다. 저자는 우리가 소망하는 교회, 곧 서로 사랑하고 서로 격려하며 서로 품고 서로 섬기는 교회가 되라고 우리를 독려한다."

멜리사 크루거(Melissa Kruger) 복음연합(The Gospel Coalition)의 여성부 디렉터

"예수님은 겸손과 정직과 존중이 가득한 교회 공동체에 소속되라고 우리를 초청하신다. 이 책의 가치는, 저자가 소속되기 어려운 교회의 아픔을 직접 경험했기에 그런 시도가 얼마나 지치고 경계하게 만드는지를 안다는 것이다. 당신이 교회 생활을 사랑하고 있든, 교회 문턱 넘기를 주저하고 있든, 그 중간 어딘가에 있든, 이 책은 당신에게 가치 있을 것이다."

존 힌들리(John Hindley) 영국 노퍽 브로드그레이스교회 목사

"예수 그리스도의 교회는 '소속됨'이라는 기적을 함께 축하하기 위해 하나님이 고안하신 것이다. 예수님의 은혜 덕분에 우리는 하나님께 소속되고 또 서로에게 소속된다. 바너버스 파이퍼는 어디에서도 읽어본 적 없는 방식으로 '소속됨'을 정의할 뿐만 아니라, 우리가 항상 은혜로 하나님께 속해 있다는 사실을 늘 드러내면서 서로와 더불어 살아가야 한다고 가르쳐준다."

폴 트립(Paul Tripp)

"너무나 오랫동안, 우리는 의식적으로든, 무의식적으로든 소비자의 관점에서 교회를 봐왔다. 바너버스는 우리가 소속의 참된 의미를 이해할 수 있도록 관점을 바로잡아준다. 이 책은 우리 모두에게 지혜로운 조언과 급진적이지만 성경적인 치료법을 제시한다."

에이드리언 레이놀즈(Adrian Reynolds) 영국 FIEC(복음주의교회연합) 국내부 책임자

이 책을 내슈빌 임마누엘교회의
소중한 친구들에게 바칩니다.

수많은 기쁨과 슬픔을 헤쳐가는 동안, 여러분은
하나님의 가족에 소속된다는 것이 무엇인지를 내게 몸소 보여주었고,
솔직함과 긍휼과 환대와 겸손과 유머와 한결같음과
예수님을 향한 신실함으로 나를 공동체에 초대해 주었습니다.
우리는 함께 예수님 안에서 지극히 평범하면서도
초자연적인 교제를 경험했습니다.
여러분 모두를 사랑합니다. 감사합니다.

contents

추천의 글 · 4
서문 '유일한 장소', 레이 오틀런드 · 14
들어가는 글 '소속감을 통해 나를 회복시키신 하나님' · 18

1. 교회 등록과 다른, 소속감에 대해 · 23

초청 · 소속감을 찾아서 · 망가진 센서 · 소속감에 대한 새로운 이해 · 우리는 어디에 속했을까? · 실천 사항 · 토론 가이드

2. 당신이 '진짜' 속할 곳 · 45

교회는 가족이며, 당신은 그 가족으로 입양된다 · 교회는 몸이며, 당신에겐 교회가 필요하다(그리고 교회도 당신이 필요하다) · 교회는 건물이며, 당신은 한 장의 벽돌이다 · 교회는 하나님의 계획이며, 당신은 그 계획의 일부다 · 세상에 비추는 하나님의 빛 · 실천 사항 · 토론 가이드

3. 속한 자의 모습 · 67

있는 모습 그대로 오되, 그대로 머물지는 말라 · 필요를 알리고, 필요를 채우라 · 서로 용납하라 · 그리스도인의 '진짜' 친교 · 헌신은 두려운 게 아니다 · 당신이 보기 원하는 바로 그것 세우기 · 실천 사항 · 토론 가이드

4. 연합, 소속감이 생기는 유일한 길 · 95
친목적인 연합의 허울 · '반대함'이 만들어내는 거짓 연합 · 성경적 연합의 아름다움과 소속감 · 연합하여 살아가기 · 실천 사항 · 토론 가이드

5. 이럴 땐 어떻게 해야 할까 · 117
소속되지 못한 느낌이 들 때, 어떻게 해야 할까? · 교회가 나를 실망시킬 때, 어떻게 해야 할까? · 교인들이 나에게 상처를 줄 때, 어떻게 해야 할까? · 실천 사항 · 토론 가이드

6. 죄인들의 친구이신 예수님처럼 · 141
예수님은 '친구'를 어떻게 정의하실까? · 예수님은 우정을 어떻게 보여주실까? · 죄인들의 안식처 · 실천 사항 · 토론 가이드

서문

'유일한 장소'

" … you belong to Christ … "(막 9:41 참고).

하나님은 우리가 **그분께 속하고**, 또 **서로에게 속하도록** 창조하셨다. 하지만 우리의 교만은 우리를 그분에게서 멀어지게 했고, 서로에게서도 멀어지게 했다. 이제 예수님은 다시 우리를 그분께로, 그리고 서로에게로 데려오고 계신다.

우리 모두에게는 '소속'이라는 단어의 의미에 대한 재정립이 필요하다. 한때 우리는 우월감 때문에 소속되는 것을 하찮게 여겼다. 거리를 두는 것이 더 안전하다고 느꼈다. 소속이 우리를 감당할 수 없는 헌신으로 몰아넣을까 두려워했다.

당신이 이 책을 집어 들었다는 것은, 적어도 소속되는 것에 마음이 열려있다는 뜻이다. 이 책은 당신의 선택지를 분명하게 보여주어서 당신의 선택에 자신감을 불어넣어 줄 것이다.

그리고 만일 당신이 용감히 교회에 소속된다면 당신의 미래는 지금보다 더 나아질 것이다. 이 책은 바로 그 이유를 설명한다. 예수님이 이 땅에 오신 목적은 고립된 개개인을 구원해서 여기저기에 흩어놓으시려는 게 아니다. 예수님은 **새로운 공동체**를 만들고 계시며, **그 안으로 우리를 부르고 계신다**. 그 공동체 안에서는 누구나 깊이 그분께 소속되고 서로에게도 진정으로 소속될 수 있다. 우리가 존중하고 즐거워하는 사람들의 무리에 마침내 소속될 때(진정으로 소속될 때)의 기분은, **끝내준다**. 마침내 제대로 찾은 것이다.

물론 거기까지 가기가 쉽지 않다. 거기에 오래 머물기는 훨씬 더 어렵다. 우리 모두가 갈망하는 '소속'이 간단하고 정형화된 것이라면 그 경험은 흔하겠지만 실제로는 그렇지 못하다. 사실, 나는 소속에 관해 잠시 생각하는 것조차 어려울 수도 있는 사람이다. 이 주제는 쓰라린 기억을 불러오기 때문이다. 진정으로 **소속되지 못**

했음을 발견하는 게 어떤 건지 나는 잘 안다. 나는 소속되어 있다고 생각했는데 그게 아니었다. 그래서 나는 크게 상처 입었다. 어쩌면 당신도 그런 경험이 있을지도 모르겠다. 교회는 때로 소속되는 것을 어렵게 만들고 심지어는 위험하게 느껴지게 한다. 달리 말하자면, 교회가 예수님을 경험하는 것을 어렵게 만들 수 있다. 그리고 그건 … 절대 괜찮지 않다.

바너버스 파이퍼가 이 멋진 책을 쓴 이유는, 진정한 소속감을 느끼는 것이 얼마나 어렵고 또 얼마나 영광스러운지를 개인적 경험을 통해 이해하고 있기 때문이다. 그는 우리와 함께 이 주제를 파헤쳐볼 자격이 있다. 나는 당신이 바너버스가 신뢰할 만한 안내자라는 사실을 알게 될 거라 믿는다. 그의 경험은 깊고 그의 결론은 정직하기 때문이다. 무엇보다 중요한 것은, 바너버스가 예수님의 신실한 제자라는 사실이다.

주님은 그를 교회의 가장자리에서 내슈빌 임마누엘교회의 중심부로 이끄셨다. 나는 바너버스가 그 여정을 걸어가는 모습을 지켜봤다. 때로는 고통스러웠다. 때로는 기뻤다. 바너버스를 그분의 심장 가까이 이끄신 분은 언제나 예수님이셨다. 처음에는 조심스럽게 탐험을 시작해서 결국에는 기쁘게 헌신하는 데에 이르기까지, 바너버스는 처음부터 끝까지 예수님께 '예'라고 대답했다. 그리고 지금 그는 우리와 함께 임마누엘교회를 '누구나 안전하게 속할 수 있는 곳'으로 만들고 있다. 나에게 있어서 그의 이야기는 예수님께서 죽으시고 부활하셔서 창조하고자 하신 새 생명 같다.

바너버스는 우리에게 지혜롭게 조언한다. "교회는 우리가 교회에서 받은 상처를 치유할 수 있는 유일한 장소다." 만약 그가 옳다면(그가 옳다!), 이 책은 당신이 놀라운 방법으로 치유될 수 있는 문을 열 것이다.

그러므로 나는 내 친구 바너버스가 쓴 이 책을 당신에게 기쁜 마음으로 추천한다. 그는 "내가 그리스도를 본받는 자가 된 것 같이 너희는 나를 본받는 자가 되라"(고전 11:1)고 진정으로 말할 수 있는 사람이다.

레이 오틀런드(Ray Ortlund), 2022년 8월

들어가는 글

'소속감을 통해
나를 회복시키신 하나님'

 2017년 여름, 나는 난생처음 내슈빌 임마누엘교회의 문을 열고 들어갔다. 몇 개월 전 고통스러운 이혼을 겪었고, 그 후로 몇 개월간 새로운 교회 공동체를 찾던 중이었다. 그 두 가지 경험은 나를 영적으로 지치게 했고 감정적으로 낙담하게 했다. 내 미래는 불확실했고 교회 안에서는 불편함이 느껴졌다.

 나는 교회에서 자랐다. 문자 그대로다. 내가 목회자 자녀이기 때문이다. 그래서 평생 교회에 속해 있었다. 때로는 기쁨으로 가득한 가정처럼 느껴졌고, 때로는 격렬한 가족싸움의 한가운데 있는 기분이었다. 또 어떤 때는 내가 아웃사이더처럼 느껴질 때도 있었다. 나는 교회가 낳는 최선과 최악에 매우 익숙했고, 동시에 내가 교회에 속해 있어야 한다는 것도 잘 알고 있었다.

 하지만 내가 그러길 **원하는지**는 확신할 수 없었다.

 그날, 나는 예배당 맨 뒷자리에 앉아서 최대한 아무도 만나지 않으려 했다. (교회를 방문할 때의 나의 일반적인 전략이었다.) 예배가 시작되자 한 목사님이 일어나 성도들을 따뜻하게 환대했다. '**가식이겠지.**' 나는 생각했다. 그런데 그는 이렇게 말을 이어갔다.

"지쳐서 쉼이 필요한 모든 분에게,
마음이 아파서 위로를 바라는 모든 분에게,
실패해서 힘이 필요한 모든 분에게,
죄를 지어서 구주가 필요한 모든 분에게,
이 교회는 예수 그리스도의 환대를 전하며
그 문과 마음을 활짝 엽니다."

참으로 아름다운 말이었다. 위로하는 말, 환대하는 말, 내가 간절히 믿고 싶은 말이었다. 그런데 동시에 내가 본능적으로 거부하는 말이었다. 그 목사님이 거짓말을 하고 있다고는 생각하지 않았다. 그저 지나치게 이상적이고 비현실적이라고 생각했다. 내 경험에 의하면, 교회는 대개 실제 모습이 아니라 되고 싶은 모습을 선포한다. 사명과 비전을 잘 홍보하지만, 현재 상태에 대해서는 덜 솔직하다. '**교회가 정말로 저렇게 사람들을 환대하기만 한다면, 이번엔 내가 제대로 찾아낸 것일 텐데**'라고 나는 생각했다. 내가 교회에 관해서는 특히나 냉소적이라는 것을 잘 알고 있었기 때문에, 나는 눈을 부라리며 비난의 트윗을 남기는 대신, 그 교회가 과연 환대의 장소인지 위선의 장소인지를 지켜보기로 했다.

냉소적이었던 그 첫 주일 이후로 내가 2년에 걸쳐 발견한 것은 '소속감'이었다. 그곳은 지치고 깨진 사람들에게 안전한 장소였다. 정직의 가치가 높이 매겨졌는데, 삶과 영적 상태와 필요에 대해 진실을 말할 수 있는 곳이었다. 사람들이 삶의 추함을 솔직하게 나누어도 하나님이 그들에게 주셨기에 마땅히 받아야 할 대우대로 존귀하게 여김을 받았다. 그것이 가능했던 이유는 그 교회가 오로지 하나님 앞에서 겸손했고 예수님을 깊이 의지했기 때문이었다.

목회자들과 리더들이 그 본을 보여 주었지만, 나에게 매주 진정한 정직함과 안전함과 존중과 겸손을 구현해 준 이들은 교인들이었다. 덕분에 하나님께서 내 삶 속에서 일하실 수 있었다. 다른 사람들과 주일 오후에 음료를 마시며 대화를 나누면서, 주중 밤에 성경공부와 기도모임을 하면서, 내 마음은 서서히 녹았고 교회가 어떤 곳일 수 있는지에 대해 내 눈이 열렸다. 나는 교회를 **하나님의 가족에 소속되는 곳**으로 편하게 여기게 되었다. 이런 소속감을 원천 삼아 하나님은 나를 치유하고 회복시키셨다. 내게 힘을 주셨고 냉소주의를 다듬으셨다. 그러고는 결국 나를 전임 목회 사역으로 부르셨다.

그래서 내가 전혀 예상치 못했던 상황이 벌어졌는데, 내가 임마누엘교회에서 목회자로 섬기는 특권을 누리게 된 것이다. 주일 아침에 성도들 앞에 서서 그들을 환대할 때면, 나는 2017년에 내가 있던 그곳을 떠올린다. "지쳐서 쉼이 필요한 모든 분에게 … "라고 말하려고 입을 뗄 때마다, 나는 예배당 안에 있는 사람들이 예수님의 그 환대로부터 진정한 **소속감**을 발견하게 되기를 기도한다.

이 책은 바로 교회에 속한다는 것이 무엇을 의미하는지, 그리고 그것이 과연 가치가 있는지를 고민하는 당신을 위한 책이다. 어쩌면 당신은 교회를 사랑해서 더 깊이 헌신하고 더 잘 섬기기를 갈망하는 사람일 수 있다. 아니면, 과거의 경험 때문에 회의적이고 주저하지만, 하나님은 당신이 그분의 교회 안에 있기를 원하신다고 믿는 사람일 수 있다. 아니면, 교회에서 입은 상처 때문에 아파하며 조심하고 심지어 두려워하는 사람일 수 있다. 아니면, 교회가 어떤 곳인지 잘 모르는 초신자일 수 있다. 아니면, 익숙했던 장소에서 전혀 새로운 동네로 옮기게 되어 그곳에서 제대로 된 교회를 찾기를 소망하는 사람일 수도 있다.

이 책이 교회 안에 진짜로 소속된다는 것이 어떤 것인지, 그리고 다른 이들도 그 따뜻한 자리에 속하게 돕는 것이 무엇인지를 보여 주기를 간절히 소망한다.

초청
소속감을 찾아서
망가진 센서
소속감에 대한 새로운 이해
우리는 어디에 속했을까?

실천 사항
토론 가이드

1
교회 등록과 다른,
소속감에 대해

교회 등록과 다른,
소속감에 대해

 나는 당신이 이 책을 편안한 마음으로 대하길 바란다. 혹은 잘못 알고 있었던 개념이 있다면, 그것을 바로잡는 데 이 책이 도움이 되었으면 한다. 당신이 이 책의 내용 때문에 겁먹지 않기를 바란다. 혹은 당신이 아직 발견하지 못한 것들 때문에 실망하지 않기를 바란다.

 이 책은 교회 등록에 필요한 자격 조건을 나열하지 않는다. 교회 등록을 시스템이나 구조로 설명하거나 변호하지도 않는다. 내 목적은, 교단이나 전통마다 교회 등록 방식이 어떻게 다른지를 알려 주려는 데 있지 않다. 나는 **소속감**에 대해 쓰고 있다. 물론 소속감은 등록 절차와 밀접한 관련이 있겠지만, 이 둘은 결코 같지 않다. 소속감 없이도 등록 교인이 될 수 있고, 형식적인 등록 절차가 없어도 소속감을 느낄 수 있다. 중요한 문제는 절차나 조직이 아니라 '그리스도의 몸과 어떻게 연결되어 있는가', 그리고 그 안에서 '어떤 친밀함을 경험하고 있는가'다.

이 책은 목회자나 교회 리더만을 위한 책이 아니다. 그들 또한 그리스도의 몸을 이루는 한 구성원이다. 나는 건강한 교회의 지표나 측정, 계량적 분석에 관해 쓰려는 게 아니다. 사람들을 교회에 등록하게 만드는 방법론에 관해서도 아니다. 오히려 나는 이 책을 읽는 교회 리더들이 자신을 우리 목자 되신 그리스도께서 돌보시는 양 떼 중 하나로, 하나님 가족의 한 일원으로 보게 되기를 소망한다.

마지막으로, 나는 이 책에서 교회에 대한 억울함을 깊이 논하지는 않을 것이다. 나 역시 교회 다니는 사람들과 리더들로부터 상처를 받았다. 당신도 분명 그런 경험이 있었을 것이다. 교회에 대한 환멸은 생각보다 쉽게 찾아온다. 하지만 그것에 집착하는 것은 예수님을 더 사랑하고 그분의 교회를 더 사랑하는 데 결코 도움이 되지 않는다는 것을 나는 깨달았다. 게다가 그 교회는 다름 아닌 **그분의** 교회다.

나는 고교 시절에 미식축구를 했는데, 코치들은 종종 우리가 직접 뛴 경기 영상을 보게 하여 성과를 점검하고 실수를 고치게 했다. 우리 팀이 워낙 성적이 좋지 않아서 영상을 보는 그 시간은 대개 코치들이 "얼마나 엉망인지 보라고! 더 잘하란 말이야!"라고 고함지르는 시간이었다. (성과가 나쁜 데에 코칭이 부실한 것도 한몫했을 텐데 말이다.)

그런데 사실 그렇게 문제를 지적하고 비난만 하기 위해 이 책을 쓴 것이 아니다. 물론 교회에는 '흑역사'도 있고, 불쾌한 사건도 수두룩하다. 그런데 우리는 더 나아질 수 있다. 내가 이 책에서 집중하고 싶은 것은 '얼마나 형편없는가'가 아니라 '어떻게 나아질 수 있는가'다.

초청

내가 교회는 '나아질' 수 있다고 말하는 건 내 경험이나 선호도에 따른 판단 때문이 아니다. 나는 성경의 가르침과 지침에 따라 교회를 바라보고 있다. 당신이나 내가 교회에 바라는 것은, 그것이 하나님께서 그분의 교회에 바라시는 바와 다르다면, 그리 중요하지 않다. 그러므로 하나님의 기준이 우리의 기준이 되어야 한다. 우리가 하나님이 의도하신 교회의 모습에 잘 들어맞는지 살펴야 한다.

이 책은, 무엇보다도, 초청이다. 나는 지역 교회의 모습으로 존재하는 교회를 하나님이 보시는 대로 바라보라고 당신을 초청하고 있다. 교회를 향한 하나님의 계획과 깊은 의도를 보고 그 계획 안으로 당신의 발걸음을 내디디라고 초대하는 것이다. 성경은 탁월하고 아름다우며 변화를 일으키는 교회의 모습을 그려주고, 우리는 창조주에 의해 그 일부가 되도록 설계되었다.

당신은 목사가 교회를 '하나님의 설계' 혹은 '하나님의 전략' 등으로 언급하는 것을 들어본 적이 있을 것이다. 그런 묘사는 정말 맞는 표현이지만, 때때로 기계적이고 비인격적으로 느껴질 수도 있다. 대개 사람들은 어떤 계획의 일부가 되려는 바람을 갖고 교회에 오지는 않는다. 새로운 도시에서 새로운 교회를 찾는 수고를 하는 이유가 거창한 전략에 우리를 끼워 넣기 위해서는 아니다. 우리는 무언가 인격적이고 의미 있는 것, 우리의 정체성을 찾게 해주는 것을 찾고 있다. 하나님은 당신이 지역 교회 안에서 그것을 찾아내기를 바라신다. (그래서 이 책은 그렇게 하라는 초청이다.) 그렇다. 교회를 향한 하나님의 계획은 전략적이다. 그분의 완벽한 전략은 당신과 나처럼 상처받고, 지치고, 힘들고, 도움이 필요한 죄인들에게 소속될 장소를 제공하는 것이다. 그분의 계획은 교회가 깊고 변화시키며 치유하고 회복시키는 예수 그리스도의 은혜를 함께 경험하는 장소가 되는 것이다.

그곳이 바로 내가 당신에게 함께 가보자고 초청하는 곳이다. 아니, 오히려 성경이 당신을 초청하고 있다고 해야 맞다. 나는 성경의 초청을 당신에게 명확하게, 희망차게, 아름답게 전하기 위해 최선을 다할 뿐이다.

소속감을 찾아서

사람들 대부분은 어딘가에 혹은 무언가에 소속되기를 간절히 바란다. 인생은 끊임없이 움직이는 저울 같아서 무슨 상황에서건 크고 작은 소속감을 느끼게 된다. 사회의 하위문화에서 소속감의 힘을 깨닫기 쉽다. 1960년대에 사람들이 히피로 모였다. 이는 기업과 정부의 융통성 없음에 격렬히 저항하는 자들의 반문화였다. 1990년대에는 펑크록에서 비슷한 일이 일어났다. 젊은이들이 '순수성을 잃어버린' 대중문화에 격렬히 반발했다. 오늘날에는 그들만의 셀럽과 언어를 완벽히 갖춘, 게이머라는 거대한 하위문화가 있다. 앞선 모든 경우에, 주류 사회에 잘 들어맞는다고 느끼지 않던 사람들이 자기에게 딱 맞는 장소, 소속감을 주는 장소를 발견했다.

좀 더 주류 문화라고 할만한 것에서도 동일한 관찰을 할 수 있다. 나는 테네시 주에 산다. 이곳은 대학 풋볼의 성지(음, 대학 풋볼이라면 사족을 못 쓰는 팬덤의 한복판이라는 뜻이다)인 미국 남동부다. 이곳에는 팬덤 문화의 모든 것이 있다. 팀 색깔, 팀 슬로건, 테일게이트 파티(경기 날에 경기장 주차장에서 열리는 사전 축제 같은 모임—옮긴이), 트럭과 집마다 꽂힌 깃발(게다가 트럭이 집만큼 크다), 팬들 사이의 말싸움, 감정의 롤러코스터, 우월감(앨라배마), 열등감(오번), 무관심(켄터키), 부정(테네시) 등이 그것이다. 만약 당신이 이 문화 **안**에 있다면, 당신은 **소속감을 느낄** 것이다. 만약 당신이 나처럼 대학 풋볼에 별 관심이 없다면, 저 팬덤 문화는 당신을 아웃사이더로 느끼게 할 수 있다. 만약 당신이 미국의 이 지역에 산다면, 가을 토요일마다 당신이 아웃사이더라고 느낄 수도 있다.

대중음악 팬덤, 마블 영화 팬덤, 스타워즈 팬덤, 스타트렉 팬덤에서도 똑같은 일이 일어난다. (의상까지 완벽하게 갖춘 팬들이 많다.) 게다가 이런 팬덤을 비웃는 사람들에게도, 특히 그들이 소셜미디어에 연결되어 있다면, 똑같은 일이 일어난다. 사람들은 **소속감**을 느끼는 장소나 그룹을 찾아 나선다. 왜일까?

소속감은 정체성, 그리고 '내가 정말 **나다울** 수 있는' 상황을 제공한다. 우리는 그곳에 잘 어울린다. 그리고 안전하다고 느낀다. 같은 의견, 관심사, 성향, 적대감, 선호를 공유하는 사람들 곁에서 우리는 북돋음을 얻는다. 익숙한 것들에서 마음의 평안을 찾는 것이다.

때로는 공통된 관심사가 아니라 공통된 명분에서 소속감을 찾아내기도 한다. 사람들은 정치 정당과 자신을 동일시하기도 하는데, 때로는 (슬프게도) 과하기도 하다. 그들은 그 정당이 자기가 바라는 변화를 가져오거나 자기가 두려워하는 변화를 막아줄 것이라고 믿는다. 사람들은 쓰레기 투기, 기후 변화, 노숙자, 실직자, 성 관련 인신매매를 근절하기 위한 노력에 자신을 헌신한다. 모두 가치 있는 명분이다. 이런 명분은 다양한 배경의 사람들을 하나로 묶어준다. 공통된 명분이 깊은 소속감을 제공한다.

새로운 지역으로 이사하게 되면, '난 여기에 속하지 않은 것 같아'라고 느낄 때가 많다. 생활의 문화, 리듬, 패턴이 새롭기 때문이다. 익숙하지가 않다. 때로는 장기 거주민들조차 '우리는 여기에 속해 있지 않다'라는 생각을 분명하게 밝히기도 한다. 미국 남부에서 사는 북부 출신으로 살아보거나, 이민자로 살아본 사람이라면 누구나 이 느낌을 이해할 수 있을 것이다.

망가진 센서

자, 비록 소속감이란 게 정의 내리기 어렵다 해도, 우리는 소속감을 느낄 때 그것이 소속감이라는 걸 알게 된다. 설령 그 느낌이 순간적일지라도 말이다. 공유된 경험과 친밀감이 어떤 모호한 조합을 이루면 우리는 소속감을 느끼게 된다. 그것은 달콤하고 편안하며 안락한 감정이다. 천국의 한 조각이라고나 할까. 그래서 우리는 소속감을 찾았을 때, 그것을 지키고 싶어 하고, 그것이 망가질까 봐 어떤 변화도 막으려 한다.

하지만, 거의 필연적으로 변화가 발생한다. 상황은 변한다. 사람들은 오고 간다. 우리의 소속감은 점차 희미해지고, 그 소속감을 붙잡던 손아귀의 힘이 약해진다. 그러면 이제 다시 소속감을 찾아다니는 자신을 발견하게 된다. 대부분의 사람에게 이러한 탐색은 절박하지 않고, 심지어 무의식적이다. 마치 늘 참고 살아가도록 학습된, 경미한 두통과 같다. 그런데 때로는 '나는 소속되어 있지 않아'라는 느낌이 편두통 수준에 이르고 위기에 처하기도 한다. 그리고 어떤 사람들에게는 이것이 일상의 생활방식이 된다. 자기 자신이나 환경에서 편안하지 못하고 하나님께서 주신 삶에 만족하지 못하게 된다.

　소속감이 찰나에 그칠 때, 특히 앞서 말한 위기에 다다를 때, 우리는 하나님을 의심하게 된다. '이게 정말 하나님이 의도하신 거라고? 이게 하나님이 내 인생에서 바라시는 전부라고?' 솔직히, 저런 질문들은 양호하다. 하나님의 대답은 '아니오'니까 말이다. 아니다. 이것은 하나님의 의도도 아니고, 하나님이 우리에게 바라시는 전부도 아니다. 하나님은 우리가 같은 곳에서 같은 방식으로 계속 소속감을 찾아 헤매기를 원하지 않으신다.

　우리가 소속감을 갈망하는 이유는 하나님께서 우리가 소속감을 추구하고 찾도록 창조하셨기 때문이다. 창세기 1장과 2장은 하나님께서 우리가 그분과 그분의 창조세계에서 어떻게 편안함과 연결됨과 안전함과 **소속감**을 느끼도록 창조하셨는지를 말해준다. 하지만 창세기 3장은 아담과 하와가 하나님께 반역한 이야기를 전해 준다. 죄가 어떻게 그들을 통해 세상에 들어왔는지, 하나님께서 어떻게 저주로 세상을 공의롭게 심판하셔서 창조세계와 하나님과의 관계가 깨어졌는지를 말해준다. 모든 창조세계가 그 저주의 영향력 아래 있다. 우리는 더 이상 이 창조세계에서 편안함을 느끼지 못한다. 우리의 방법으로는 완전한 소속감으로 돌아갈 길을 결코 찾아낼 수 없다. 우리의 소속감은 왜곡되어 있다. 정북(正北) 방향을 가리킬 수 없는 나침반과 같아서, 결국 우리는 온갖 잘못된 장소에서 선한 것과 하나님이 의도하신 것을 찾아 헤매고 만다.

우리는 소속감을 위해 창조되었다. 우리는 소속감을 갈망한다. 하지만 우리는 어떤 방식으로든, 소속감이 신기루와 같다는 것을 느끼게 된다. 그렇다면 우리는 어떡해야 할까?

소속감에 대한 새로운 이해

우리에게 가장 필요한 것은 하나님이 의도하신 대로 소속감을 이해하는 것이다. 즉, 하나님이 보시듯이 소속감을 보는 것이다. 우리가 소속감을 상황과 사람과 감정의 모호한 조합 안에서 찾으려 할 때, 우리는 정답에서 벗어나게 된다. 이는 우리의 마음이 본성적으로 하나님의 길로 향하려 하지 않기 때문이다. 우리는 선한 것, 하나님이 의도하신 것을 원하지만, 본능적으로 하나님이 아닌 다른 곳에서 소속감을 찾으려 한다. 우리는 경험, 장소, 사회적 집단을 떠도는 대신, 소속감을 하나님 계획의 일부로, 하나님의 도덕 질서의 일부로, 그리고 특히 그리스도인 정체성의 일부로 이해해야 한다.

이것은 당신이 인식하건 못하건 이미 접수하고 있는 내용이다. 만약 당신이 사랑하는 사람이 심각한 교통사고를 당해 치명적인 상해를 입었다면, 그 사람이 **속할** 곳은 병원이다. 사실 병원은 그 사람이 있고 싶은 장소는 아니다. 그곳은 새롭고 낯선 장소, 즉 낯선 사람들에 둘러싸인 불편한 장소일 것이다. 그래서 그 사람은 그곳에 어울리지 않는다고 느끼며 떠나고 싶어 할 것이다. 하지만 그곳이야말로 그 사람이 속해야 할 곳이다. 그래야 생존과 치료에 필요한 돌봄을 받을 수 있기 때문이다. 그 사람이 거기에 있는 것은 **옳다**.

그리고 그 사람이 거기에 있는 동안, 당신은 가능한 한 자주 그 사람 곁에 있어 주려는 **소속감**을 느낀다. 병원은 당신에게도 불편하고 낯선 곳이다. 하지만 당신이 속하지 않은 것 같은 그런 환경 속에서도 당신이 누군가의 곁을 안정적으로 지키는 위로의 존재가 되는 것은 옳다.

부모라면 누구나, 자녀가 성장기의 어느 시점에 자기 가족에게 속하지 않은 것처럼 느끼고 혈연 가족에서 아웃사이더처럼 느끼는 일이 안타깝게도 흔하다는 사실을 잘 알 것이다. 이것은 타락의 가장 미묘하면서도 고통스러운 결과 중 하나로서, 자녀는 본래 사랑하고 사랑받으라고 의도된 사람들에게서 단절감을 느낀다. 우리의 자녀가 이렇게 느낄 때 우리는 무슨 말을 할까? 우리는 사랑한다고 말한다. 하나님께서 목적을 가지고 한 가족으로 묶어주심에 정말 감사한다고 말한다. 하나님의 선하신 의도와 계획 때문에 이 가족에 함께 **소속되어 있는** 것이라고 설득한다. 그리고 우리 가족 안에서 사랑받고 있고 용납되고 있으니까 **소속감**을 가지라고 재확인해 준다. 그들은 우리의 일부다.

그렇다면 소속감은 우리가 가장 편안하고 안락하게 느끼는 곳,

혹은 타인과의 공통점이 가장 많은 곳에 의해 정의되지 않는다. 소속감은 하나님이 우리에게 있으라고 의도하신 곳, 그러므로 우리가 참 생명과 깊은 만족과 기쁨을 발견하기를 바라시는 곳에 의해 정의된다. 소속감은 도덕적 실체다. 이는 하나님의 눈에 무엇이 옳은 것인지에 대한 문제이며 그분이 우리를 부르신 목적에 대한 문제다. 그리고 소속감은 위로가 되는 실체이기도 하다. 왜냐하면 하나님의 부르심의 목적을 실행하는 일은 그분과 동행하고 그분의 약속 안에서 살며 그분과의 친밀한 관계 안에 있는 것이기 때문이다.

우리는 어디에 속했을까?

소속감은, 정의에 따르면, 고립된 상태에서는 결코 발견될 수 없다. 가장 내향적인 사람조차 타인과 함께 어울리기를 갈망한다. 군중을 좋아하지 않을 순 있어도, 고독이 끝없이 지속되는 것을 좋아하는 사람은 아무도 없다. 하나님은 우리를 그렇게 만드셨다. 그것은 그분의 아이디어였다. 태초부터 하나님은 우리가 하나님과의 관계에서와 서로와의 관계에서 방해받지 않는 관계를 맺도록 의도하셨다. 그러나 죄가 전부 망쳐놓았고, 지금까지도 계속해서 망쳐놓고 있다. 하지만 하나님은 여전히 우리가 **서로에게** 속하기를 바라신다.

구약은 기본적으로 하나님께서 자기를 위하여 한 백성, 한 나라를 형성해 가시는 이야기다. 그들은 하나님을 따르고 그분과 친밀하게 동행하는 공동체가 되어야 했다. 그런데 한편으로 구약은 그들이 어떻게 하나님과의 관계 및 서로와의 관계를 깨뜨리는지, 그럴 때마다 얼마나 황폐해지는지를 보여주는 이야기이기도 하다. 더 나아가, 구약은 예수님이 오실 상황이 어떻게 준비되었는지를 보여주는 이야기이기도 하다. 구원해 주시는 분, 죄를 대속해 주시는 분, 회복시켜 주시는 분에 대한 부인할 수 없는 깊은 필요를 설정해 준다.

그리스도인으로서 우리는 예수님이 우리의 죄를 위해 죽으시고 우리를 심판에서 구원하셔서 우리와 하나님과의 관계를 회복시키기 위해 오셨다는 것을 안다. 특히 서구에서는 개인적인 차원에서 생각하기 쉽다. 즉, 예수님이 **나**를 **내** 죄에서 건지셔서 **나**와 하나님과의 관계가 회복된다고 말이다.

그런데 우리가 자주 간과하는 것은 예수님의 오심은 한 나라, 즉 그분을 집단적으로 따르고 세상에 그분을 소개할 신자들의 공동체를 세우기 위함이기도 했다는 것이다. 이것은 모든 그리스도인이 **속한** 나라다. 사망에서 생명으로 옮겨진 영혼들의 나라다. 죄의 속박으로부터 그리스도 안에서의 자유로 옮겨진 영혼들의 나라다. 바로 온 땅에 있는 그리스도의 교회다.

교회는 우리가 소속된 장소이고, 우리가 소속된 대상이다. 사실, 교회야말로 우리가 가장 진정한 소속감을 느낄 수 있는 실체다. 우리는 그리스도의 몸 된 교회의 일부로서 그분께 속해 있기 때문이다. 그리스도께서는 우리를 풍성히 돌보시는 가운데 자신을 세상에 알리시기 위해 지역 신자들의 모임으로서 교회를 고안하셨다. (이 사실은 사도행전 및 서신서 곳곳에 드러난다. 다음 장에서 심도 있게 살펴볼 것이다.) 이것이 바로 당신이 소속되어 있고 (혹은 참여를 고려 중이고) 내가 목회하고 있는, 지역 교회다.

앞서 나는 진정한 소속감은 도덕적 실체이자 위로가 되는 실체라고 말했다. 그리고 난 후에 하나님의 말씀을 토대로 당신이 소속된 곳, 즉 교회에 대한 그분의 계획에 대해 살펴보았다. 종합해 보면, 교회에 대한 소속감은 도덕적으로 선한 것(하나님이 미소 지으실만한 것)이자 위로와 기쁨을 가져와야 하는 것을 뜻한다. 왜냐하면 교회가 우리를 하나님의 마음에 더 가까이 이끌기 때문이다. 이것의 작동 원리는 무엇일까?

첫째, 소속감은 마냥 수동적인 게 아니라는 뜻이다. 만약 하나님께서 우리에게 하라고 하신 무언가가 도덕적으로 선하다면, 그러면 우리는 행동으로 순종해야 한다. 그러므로 소속감에는 목적을 가지고 헌신하는 실천이 포함된다. 우리는 언제나 관성과 편안함과 수동성을 지향하는 경향이 있지만, 히브리서 10장 23-25절은 이렇게 말한다.

"또 약속하신 이는 미쁘시니 우리가 믿는 도리의 소망을 움직이지 말며 굳게 잡고 서로 돌아보아 사랑과 선행을 격려하며 모이기를 폐하는 어떤 사람들의 습관과 같이 하지 말고 오직 권하여 그 날이 가까움을 볼수록 더욱 그리하자."

교회의 구성원으로서 목적에 맞게 행동하라는 분명한 부르심이다. 서로 사랑과 선행을 격려하고, 모임을 소홀히 하지 말며, 서로를 북돋우라는 것이다. 하지만 강압적인 어조가 아니라는 점에 주목하라. "이렇게 해, 혹은 저렇게 해"의 어조가 아니다. 그렇게 되면 교회는 소속감이 아니라 부담감을 느끼는 장소가 될 것이다. 위 말씀은 오히려 서로를 세워가라는 따뜻한 권면이다. 소속감을 더 쉽고 풍성하게 만들어주는 것들을 실천하라는 지침이다. 하나님은 우리에게 분명한 명령을 주셨고, 그것에 따를 때 우리는 분명한 보상을 발견한다. 이 명령에 순종함으로써 우리는 다른 사람들을 환대하여 소속감에 이르게 하는 일에 동참할 뿐만 아니라 스스로도 소속감을 경험하게 된다.

소속은 하나님의 명령에의 순종(도덕적 실체)이라고 정의될 수 있는 한편, 예수님의 약속과 마음(위로가 되는 실체)이라고도 정의될 수 있다. 요한복음 17장에서 예수님은 '대제사장의 기도'라고도 알려진 기도를 드리시는데, 그 기도에서 예수님은 제자들과 모든 시대의 교회(언젠가 복음 전파를 통해 그분을 믿게 될 모든 사람)를 위해 하나님 아버지께 기도하신다. (그렇다. 예수님은 바로 **당신**을 위해 기도하셨다!) 20-26절에서 예수님은 모든 시대의 백성을 향한 그분의 바람을 명확히 드러내신다.

"내가 비옵는 것은 이 사람들만 위함이 아니요 또 그들의 말로 말미암아 나를 믿는 사람들도 위함이니 아버지여, 아버지께서 내 안에, 내가 아버지 안에 있는 것 같이 그들도 다 하나가 되어 우리 안에 있게 하사 세상으로 아버지께서 나를 보내신 것을 믿게 하옵소서 내게 주신 영광을 내가 그들에게 주었사오니 이는 우리가 하나가 된 것 같이 그들도 하나가 되게 하려 함이니이다 곧 내가 그들 안에 있고 아버지께서 내 안에 계시어 그들로 온전함을 이루어 하나가 되게 하려 함은 아버지께서 나를 보내신 것과 또 나를 사랑하심 같이 그들도 사랑하신 것을 세상으로 알게 하려 함이로소이다 아버지여 내게 주신 자도 나 있는 곳에 나와 함께 있어 아버지께서 창세 전부터 나를 사랑하시므로 내게 주신 나의 영광을 그들로 보게 하시기를 원하옵나이다 의로우신 아버지여 세상이 아버지를 알지 못하여도 나는 아버지를 알았사옵고 그들도 아버지께서 나를 보내신 줄 알았사옵나이다 내가 아버지의 이름을 그들에게 알게 하였고 또 알게 하리니 이는 나를 사랑하신 사랑이 그들 안에 있고 나도 그들 안에 있게 하려 함이니이다."

예수님이 원하시는 게 무엇인지 보았는가? 백성을 향한 그분의 마음을 말이다. 예수님은 우리의 **연합**을 원하신다. 예수님이 하나님 아버지와 연합되어 있듯이 우리가 그분과 연합되어 있기를 원하신다. 이것은 우리의 의지와 선한 노력으로 이룩할 수 있는 것이 아니다. 하지만 예수님은 우리가 해내지 못할 일을 바라지 않으신다. 따라서 이 약속은 반드시 이루어질 약속이다. 이것은 성령님에 의해 신자들에게 주어지는, 초자연적인 연합이다. 이 연합은, 우리가 서로 얼마나 비슷하냐에 의해 정의되지 않는다. 오히려 세상이 극복 불가한 장애물로 여길 만한 차이를 우리가 어떻게 극복하느냐에 의해 정의된다. (에베소서 2장 11-22절은 이것을 탁월하게 설명하고 그려 낸다.) 예수님은 성령님이 교회에 내주하시며 우리를 하나 되게 하시고 우리의 정체성이 되실 것이라 약속하신다.

또한, 예수님은 우리가 그분의 사랑을 알고 보여주기를 원하신다고 분명하게 밝히신다. 우리가 예수님과 함께 있기를 원하신다. 아무것도 방해할 수 없는 절대적인 소속감을 그분 안에서, 그리고 그분을 통해서 약속하신다. 이 소속감은 사람들이 자기의 필요를 채우고 위로를 얻게 하는 것만이 목적은 아니다. 물론, 교회는 그런 곳이다. 하지만 교회는 "[하나님]께서 [예수님]을 보내신 것 … 을 세상으로 알게 하"기 위한 곳이다(요 17:23 참고). 우리의 연합, 우리의 소속은 변화시키고, 해방하고, 생명을 주고, 위로를 주는 예수 그리스도의 임재를 여러 사람 앞에 공공연히 드러내는 증거이자 초청이다.

하나님이 우리를 창조하실 때 의도하신 소속감이란, 공통점이나 특이점을 공유하는 사람들에게서 유대감이나 안정감을 발견하는 것 이상이다. 어느 정도의 위로와 친밀감을 얻는 것 이상이다. 물론, 그런 것들도 놀라운 발견이고 깊은 우정을 불러일으킬 수 있다. 하지만 하나님이 당신과 나를 창조하신 목적은 그 이상이다. 하나님은 우리를 하나님 나라(그분의 교회)의 구성원으로 만드셨다. 특히, 신자들로 구성된 지역 교회의 일원으로 만드셨다. 바로 교회가 당신이 소속감을 발견하게 될 장소이자 속하게 될 공동체다.

그러므로 우리가 교회에 소속되어야 하는 이유는 그것이 하나님의 명령이기 때문이고, 그것이 유익하기 때문이다. 앞으로 우리는 교회에 소속된다는 것의 의미를 살펴볼 것이다. 소속감을 위협하는 도전들에 직면할 것이다. 그러나 무엇보다도 나의 소망은, 교회가 그리스도의 성품을 진실하게 드러낼 때, 그리스도의 몸에 속하는 것이 얼마나 아름답고 생명력 있고 자유로운지를 발견하도록 돕는 것이다.

**실천
사항**

- 당신이 현재 교회 등록을 어떻게 이해하고 받아들이고 있는지 살펴보라. 그것이 **소속감**의 실체에 부합하는가? 재점검이나 심화 탐구가 필요한 부분은 무엇인가?

- 당신은 과거 또는 현재에 어디에서 소속감을 발견했는가? 무엇이 당신에게 그런 느낌을 주었는가? 교회에서도 그런 느낌을 발견했는가?

- 당신은 이번 장에서 지역 교회 안에서 소속감을 찾거나 키워야겠다는 동기부여를 받았는가? 당신이 해야 할 일이나 변해야 할 점은 무엇인가?

- 만약 당신이 교회 안에서의 소속감을 이해하거나 받아들이기 위해 노력 중이라면, 하나님께서 얼마나 장구한 세월에 걸쳐 교회를 세워오셨는지를 묵상하라. 구약에서 하나님께서 어떻게 그분의 백성을 세우시고 언약을 지켜오셨는지를 살펴보라. 신약에서 어떻게 그분의 아들을 보내셔서 언약을 성취하시고 교회를 세우셨는지를 살펴보라. 그리고 그리스도께서 그분의 교회를 만드시기 위해 치르신 희생을 살펴보라.

- 이번 장을 읽고 난 후, 당신의 교회에 관한 생각이 어떻게 바뀌었는가? 혹은 교회에 대한 행동은 어떻게 바뀌었는가?

토 론 가 이 드

❶ 당신은 어떤 그룹, 어떤 공동체, 어떤 명분에 소속되어 있는가? 각각의 유익은 무엇인가?

❷ 그런 단체들과 교회와의 공통점과 차이점은 무엇인가?

❸ 히브리서 10장 23-25절을 읽어 보라. 여기서 우리가 해야 할 일은 무엇이며, 그 결과는 무엇인가? 이 구절에서 소속에 대한 도덕적 의무 및 유익을 어떻게 이해할 수 있는가?

❹ 요한복음 17장 20-26절을 읽어 보라. 예수님은 이미 하신 일과 앞으로 하실 일에 대해 무엇이라고 말씀하시는가?(22절, 26절) 예수님은 우리를 위해 무엇을 기도하시는가?(21절, 23-24절)

❺ 교회에 소속된다는 것의 의미에 관하여 앞으로 더 자세하게 살펴볼 것이지만, 지금 당신이 생각하기에, 예수님이 말씀하시는 '하나됨'은 오늘날 지역 교회에서 어떤 모습일 것 같은가?

❻ 1장의 내용으로 교회를 위해 기도한다면 어떻게 기도할 것인가?

교회는 가족이며, 당신은 그 가족으로 입양된다
교회는 몸이며, 당신에겐 교회가 필요하다
교회는 건물이며, 당신은 한 장의 벽돌이다
교회는 하나님의 계획이며, 당신은 그 계획의 일부다
세상에 비추는 하나님의 빛

실천 사항
토론 가이드

2
당신이
'진짜' 속할 곳

당신이 '진짜' 속할 곳

우리가 교회에 진정으로 소속되기를 바라시는 하나님의 계획과 소망이 얼마나 장엄한지, 1장에서 엿볼 수 있었기를 바란다. 하나님 나라의 일원이 되는 것이 얼마나 웅장하고 경이로운지, 실마리를 잡았으면 좋겠다. 그것이 당신의 마음 한쪽을 사로잡았으면 좋겠다.

그런데 그 경이로움을 느끼자마자 '좋아, 이제 교회에서 소속감을 찾아보는 거야'로 직행하게 되면, 마치 간단한 준비운동 직후에 에베레스트 산에 오르라는 말을 듣는 것처럼 느껴질 수 있다. 나는 당신에게 지도나 지침을 주지 않은 채 그저 영감만 불어 넣고 싶지 않다. 그런 종류의 허무한 동기부여는 순식간에 사라져 버리고 우리를 좌절하게 만들기 마련이다.

그러므로 당신이 어디로 가고 있는지, 하나님이 당신에게 무엇을 준비시키시는지를 당신이 볼 수 있도록 돕는 것이 나의 목표다.

빛이 프리즘에 닿으면 다양한 색깔로 굴절된다. 처음에는 단순한 흰색 광선처럼 보이는 것이 여러 가지 아름다운 색깔로 나뉜다. 성경이 교회를 묘사하는 방법도 비슷하다. 우리가 '교회'라고 읽을 때 그것은 다소 단순하게 들린다. 리더가 있고, 어떤 구조를 갖추고 있으며, 하나님을 예배하기 위해 정기적으로 모이는 그리스도인 집단이랄까. 그런데 '교회'라는 단어는 여러 가지 아름다운 색깔을 갖는다. 각각의 색깔은 우리가 소속되어야 할 이유와 소속되는 방법을 보여준다. (그리고 이제 함께 살펴보는 동안, 각각의 색깔이 당신에게 교회에 소속되고 싶다는 **바람**을 심어주기를 소망한다.)

교회는 가족이며, 당신은 그 가족으로 입양된다

당신이 친구에 대해 할 수 있는 가장 따뜻한 말은 "그 친구는 가족 같아"다. 신뢰와 책임, 친밀감과 정체성이 담긴 말이다. 친구를 이런 식으로 묘사할 때, 우리는 하나님의 계획과 소망에 관하여 무언가 아름다운 것을 드러낸다. 즉, 가족관계는 우리에게 가깝고 소중한 것이라는 의미를 내포한다. 우리는 가족의 일부가 되도록 창조되었다.

우리는 성경의 첫 장에서부터 이 점이 드러나는 것을 본다. 하나님은 아담과 하와를 **서로를 위해** 창조하셨고, 그들에게 생육하고 번성하라는 사명을 주셨다. 즉, 가족을 이루라고 하셨다. 마찬가지로 하나님께서 아브라함에게 그의 후손을 통해 땅의 열방이 복을 받을 것이라고 말씀하시는 것(창 12:1-3 참고)도 본다. 하나님이 이스라엘 백성을 열두 지파, 곧 열두 형제의 후손들로 세우시는 것(창 49:1-28 참고)도 본다. 성경이 곳곳에서 가족의 언어와 묘사를 사용하는 이유는, 가족이란 가장 기초적인 관계적 실체이기 때문이다.

하나님이 생각하시는 가족의 개념은 혈연관계를 훌쩍 뛰어넘는다는 것이 성경 곳곳에서 분명히 나타난다. 우리의 가장 친밀하고 의미 있는 관계를 정의하는 분이 계시는데, 바로 예수 그리스도시다. 예수님은 이렇게 말씀하셨다. "누가 내 어머니이며 동생들이냐 … 누구든지 하나님의 뜻대로 행하는 자가 내 형제요 자매요 어머니이니라"(막 3:33, 35). 제자들이 기도를 가르쳐달라고 요청했을 때, 예수님은 이렇게 말씀하셨다. "너희는 기도할 때에 이렇게 하라 **아버지여** … "(눅 11:2).

이 짧은 대화에서 예수님은 **가족**의 진정한 의미를 확장하여 정의하신다. 예수님은 신실하게 그분과 동행하는 사람들을 가리켜 가족이라 부르신다. 물론 우리는 예수님이 하나님의 아들이심을 안다. 그런데 예수님은 그분의 아버지를 가리켜 **우리의** 아버지로 부르며 기도하라고 우리에게 말씀하신다.

로마서 8장 14-17절을 보라.

"무릇 하나님의 영으로 인도함을 받는 사람은 곧 하나님의 아들이라 너희는 다시 무서워하는 종의 영을 받지 아니하고 양자의 영을 받았으므로 우리가 아빠 아버지라고 부르짖느니라 성령이 친히 우리의 영과 더불어 우리가 하나님의 자녀인 것을 증언하시나니 자녀이면 또한 상속자 곧 하나님의 상속자요 그리스도와 함께 한 상속자니 우리가 그와 함께 영광을 받기 위하여 고난도 함께 받아야 할 것이니라."

그리스도를 믿는 자마다 "양자의 영을 받았"다. 우리는 하나님의 자녀이고, 이것이 바로 그리스도께서 우리를 가족이라고 부르시는 이유다. 우리는 예수님과 함께한 상속자다. 이 사실이 가족이 되는 것의 의미를 완전히 바꾸어 놓는다. 건강하고 친밀한 가족을 가진 사람들에게는, 이것이 훨씬 더 위대한 실체에 눈을 뜨게 해준다. 외롭거나 버림받았거나 고아가 되었거나 이혼을 경험하는 등의 역기능 가족을 가진 사람들에게는, 이것이 진정한 가족으로의 따뜻한 초대다. 하나님의 가족 안에서 우리는 그리스도가 가지신 가족의 권리와 지위를 공유한다. 이 말은 우리가 천국의 영광과 풍요함을 상속받게 될 것이라는 뜻이다.

하지만 이 가족은 단순히 지위나 권리에 관한 것만이 아니다. 애정에 관한 것이기도 하다.

나는 어릴 때 입양되어 법적으로는 가족 구성원이 된 몇몇 사람들을 알고 있다. 그들은 국적, 권리, 입양가족에서의 유언과 유산을 공유했다. 하지만 그중 일부는 어린아이가 받아야 할 사랑과 애정을 전혀 받지 못했다. 입양된 것이 그들을 아웃사이더처럼, 프로젝트처럼, 소속되지 못한 것처럼 느끼게 했다.

그러나 하나님의 가족 안에 있는 믿는 자들은 그렇지가 않다. 로마서 8장 후반은 이렇게 말한다. "내가 확신하노니 사망이나 생명이나 천사들이나 권세자들이나 현재 일이나 장래 일이나 능력이나 높음이나 깊음이나 다른 어떤 피조물이라도 우리를 우리 주 그리스도 예수 안에 있는 하나님의 사랑에서 끊을 수 없으리라"(38-39절).

우리가 예수 그리스도의 사역으로 말미암아 하나님의 가족으로 입양되었다면, 우리는 하나님의 자녀로서 무조건적이고 불변하는 영원한 사랑을 받는다. 우리는 이보다 더 사랑받을 수 없을 만큼 사랑받는다. 이것이 바로 입양의 **마땅한** 모습이다.

입양과 가족은 단지 우리가 그리스도인으로서 어떻게 관계 맺는지를 이해하도록 도와주는 비유가 아니다. 성경은 우리가 **가족 같다**라고 말하지 않고, 우리가 **가족이다**라고 말한다. 성령을 받으면 우리는 변화된다. 새사람이 된다. 이 말은 우리가 더 이상 외부인이나 원수나 경쟁자가 아니라는 뜻이다.

우리는 **그리스도 안에서** 형제요 자매다. 우리는 **하나님의 자녀**다. 마가복음 10장 29-30절은 그 의미를 다음과 같이 설명한다.

"예수께서 이르시되 내가 진실로 너희에게 이르노니 나와 복음을 위하여 집이나 형제나 자매나 어머니나 아버지나 자식이나 전토를 버린 자는 현세에 있어 집과 형제와 자매와 어머니와 자식과 전토를 백 배나 받되 박해를 겸하여 받고 내세에 영생을 받지 못할 자가 없느니라."

하나님의 가족에 소속된다는 것은 단지 정체성의 변화만이 아니다. 거기에는 약속이 따라온다. 예수님을 따르는 일이 당신을 원가족에게서 떼어 놓는다고 할지라도(예수님을 따르는 일은 그런 값비싼 대가를 치를 가치가 있다), 혹은 당신에겐 가까운 가족이 없다 할지라도, 당신은 교회에서 가족을 얻게 된다.

이는 예수님이 말씀하신 "백 배"의 결실이다. 당신은 예수 그리스도의 희생과 겸손과 사랑으로 특징지어진 가족의 일원이 된다. 물론 우리는 자주 실수한다. 서로에게 죄를 짓는다. 서로에게 상처를 입힌다.

하지만, 내 친구 샘 올베리가 일깨워주듯이, "예수님의 보혈은 혈연보다 진하다." 우리는 예수님의 희생으로 증명된, 하나님의 한결같은 사랑을 받은 자다. 그러므로 우리는 하나님의 자녀로서 함께 값없는 회개와 용서를 누리며 자라간다. 그리스도 안에서 우리는 새롭고 영원한 가족에 소속된다.

교회는 몸이며, 당신에겐 교회가 필요하다
(그리고 교회도 당신이 필요하다)

우리는 '몸'(body)이라는 단어가 '투표 집단'(voting body)처럼 어떤 명분이나 목적을 위해 함께 모이는 사람들의 집합체, 단체 등의 의미로 사용되는 것을 본다. 때로는 그저 어느 집단의 다수를 의미하기도 한다. 하지만 교회를 '그리스도의 몸'(body of Christ)이라고 부를 때는 훨씬 더 특별한 의미가 있다.

고린도전서 12장에서 바울은 교회를 묘사하며 이렇게 말한다. "몸은 하나인데 많은 지체가 있고 몸의 지체가 많으나 한 몸임과 같이 그리스도도 그러하니라 우리가 유대인이나 헬라인이나 종이나 자유인이나 다 한 성령으로 세례를 받아 한 몸이 되었고 또 다 한 성령을 마시게 하셨느니라 몸은 한 지체뿐만 아니요 여럿이니"(12-14절). 여기까지 읽으면 '몸'이 '조직의 구성원'을 뜻하는 것처럼 생각하기 쉽지만, 다음 15-27절을 읽으면 바울의 속뜻을 명확하게 알 수 있다. 바울은 육체의 몸에 관하여 쓰고 있다.

이 복잡한 비유는 더 깊고 영적이며 관계적인 실체를 보는 눈을 열어준다. 바울은 발이 손이 아니라고 해서 몸에서 제외할 수 없다고 말한다(15절 참고). 발은 하나님이 의도하신 대로 정확히 존재하고, 몸의 생명력 안에서 독특한 목적을 수행하며, 필수적이다. 그 후에 바울은 눈이 말하기를 손이 필요 없다고 몸에서 손을 제외할 수 없다고 한다. 몸의 각 지체가 없어서는 안 되며 존중받아야 한다고 말이다.

몸의 디자인은 완벽하다. 필요 없는 부분도, 쓸모없는 부분도, 원치 않는 부분도 없다. 몸의 모든 지체가 서로에게 속해 있다. 하나님은 몸을 의도적으로 하나로 구성하셨다. 그리고 교회에도 똑같이 하신다. 우리는 '교회를 운영하면서' 사람들이 스스로 쓸모없거나 열등하다고 (혹은 강하고 우월하다고) 느끼게 만든다. 하지만 그것은 하나님이 의도하신 게 아니다. 몸의 각 지체는, 크건 작건, 다른 지체가 필요하다.

이것은 의미심장하다. 신체의 경우, 불화, 적대감, 내부 갈등이 있으면 그것을 **질병**이라고 부른다. 암이라든지 자가면역질환이라고 말이다. 교회에서 불화, 적대감, 내부 갈등이 도드라진다면, 그런 교회는 병들고 암에 걸린 상태와 같다. 교회의 일원으로 부름받은 우리는 서로를 존중하고 서로를 잘 도우며 하나님이 맡기신 역할을 잘 수행하여 온몸이 건강하게 생존하게끔 해야 한다.

만약 몸의 일부(성경은 "지체"라고 부른다)가 잘리면 그 부분은 생명의 근원에서 떨어져 나갔으므로 시들어 썩을 것이다. 그것은 다시 능숙하고 조심스럽고 부드럽게 다시 접붙여져야 한다. 지체가 치유되고 몸이 온전해지기 위해서는 몸이 지체를 받아들여야 한다. 당신과 나도 마찬가지다.

만약 우리가 교회에서 잘려 나가면, 우리는 영적으로 시들어 죽게 될 것이다. 우리는 그리스도의 몸에 다시 접붙여져야 하고 몸이 우리를 다시 받아줘야 한다. 우리에겐 몸의 생명력이 필요하다. 그리스도 안에서의 교제와 말씀의 가르침이라는 혈액이 필요하다.

 타인에 의해 강제로 행해지는 손, 발가락, 귀의 절단과는 달리, 우리는 종종 자발적으로 자신을 교회에서 단절시킨다. 그리스도인들은 어떤 이유로든 스스로 교회에서 떨어져 나오기를 결심하거나, 자기도 모르게 멀어지기도 한다. 이런 의미에서 교회의 몸은 인간의 몸과는 다르다. 인간의 몸은 비록 제대로 기능하지 않을 때도 있지만 보통은 제자리를 지키기 때문이다. 그런데 교회의 몸이 생명을 순환시키면서 서로를 잘 지지하려면, 구성원들은 의도적으로 연결되어 있어야 한다.

 몸의 비유는 인간의 문제적 경향성인 기생하는 습성을 근절시켜 준다. 몸의 각 부분은 서로에게 상호적으로 의존한다. 때때로 한 부분이 더 약해서 다른 지체의 도움을 받아야 할 때도 있다. 뼈가 부러지거나 장기에 외과적 수술이 필요한 경우를 생각해 보면 된다. 그런데 다른 지체의 생명과 에너지를 빨아먹도록 고안된 기관은 하나도 없다. 생명을 주는 것 없이 기생하기만 하는 기관은 없다. 우리는 받기도 하지만 주기도 한다. 주는 만큼 더 많이 받는다. 이것이 로마서 12장 5절 "우리 많은 사람이 그리스도 안에서 한 몸이 되어 서로 지체가 되었느니라"의 의미다. **우리는 서로 지체다.** 얼마나 아름다운가. 얼마나 고귀한 부르심인가. 우리가 **그리스도 안에** 있다니, 얼마나 소망이 되는가. 서로 지체가 되지 않은 채 남아 있다면, 우리는 자신을 잘라내 버리고 암적인 존재, 기생하는 존재가 될 것이다. 하지만 그리스도 안에서 새롭게 된 우리는, 서로에게 속하게 되어 그리스도의 사랑과 생명을 공유하는 존재가 된다.

교회는 건물이며, 당신은 한 장의 벽돌이다

"교회는 건물입니다"라는 말을 들으면 즉각적으로 "아니요. 교회는 사람이에요"라고 반응하는 그리스도인들이 있다. 나는 어떤 의미에서는 전적으로 동의하지만, 또 어떤 의미에서는 동의하지 않는다. 당신의 교회는 건물인가? 이해를 돕기 위해 에베소서 2장 19-22절을 살펴보자.

> "그러므로 이제부터 너희는 외인도 아니요 나그네도 아니요 오직 성도들과 동일한 시민이요 하나님의 권속이라 너희는 사도들과 선지자들의 터 위에 세우심을 입은 자라 그리스도 예수께서 친히 모퉁잇돌이 되셨느니라 그의 안에서 건물마다 서로 연결하여 주 안에서 성전이 되어 가고 너희도 성령 안에서 하나님이 거하실 처소가 되기 위하여 그리스도 예수 안에서 함께 지어져 가느니라."

이 구절은 사람들을 시민, 성도, 권속이라고 부르면서 시작한다. 그것은 인간의 권리, 책임, 관계, 그리고 가족에 관한 언어다. 그러더니 바울은 이미지를 바꿔서 건물이 지어지는 장면을 묘사하기 시작한다. 물리적인 교회 건물이 아니라 신자들의 공동체를 건물에 빗대어 묘사하고 있다. 교회를 가족이나 몸에 비유한 것은 살아 있고 유기체적이다. 그런데 여기 에베소서에서 건축물에 빗댄 묘사는 교회의 올바른 질서(즉, 설계도) 및 누가 건축가이고 설계자인지를 보여준다는 점에서 우리가 반드시 이해해야 할 내용이다.

교회는 성경이라는 토대 및 예수 그리스도라는 초석 위에 세워져 있다. 교회가 말하는 '사도들과 선지자들'은 하나님의 권위를 직접 받아서 하나님의 말씀을 백성에게 전한 사람들을 의미한다. 즉, 우리에게 성경을 준 사람들을 의미한다. 그들의 말은 모두 예수님을 가리키고 예수님께 의존한다. 그러므로 예수님은 온 교회의 모퉁잇돌이다.

그리스도를 모퉁잇돌로 삼은 이 교회는 하나님이 설계하고 하나님이 지으신다. 하나님이 건축가요 건설자다. 누구도 교회의 생명, 교회의 성공, 교회의 지속, 교회의 성장을 자기 공로로 돌릴 수 없다. 교회는 '주님 안에서' 자라간다. 이것은 기계적인 성장이 아니다. 하나님의 강력한 임재가 이 신자들의 공동체에 영적인 생명을 가져다주는 것이다.

'성장'이라는 단어는 불가피하게 규모와 숫자를 떠올리게 만든다. 사실상 '교회 성장' 위주의 산업도 존재한다. 하지만 여기서 묘사된 성장은 그런 성장이 아니다. 우리는 "성령 안에서 하나님이 거하실 처소가 되기 위하여 … 함께 지어져 간다." 하나님이 우리를 통하여 우리를 세워가시는 이 초자연적인 건물은 하나님의 영이 거하시는 곳이다. 하나님은 교회를 그분의 백성과 함께 거할 집으로 삼으신다. 그렇다면 성장은 우리 가운데 하나님의 실재와 임재가 증가하는 것이라고 정의되어야 한다.

교회의 일원이 된다는 것은 이 건물의 일부가 된다는 의미다. 하나님이 거하실 처소의 벽돌이 된다는 의미다. 다른 모든 벽돌, 들보, 기둥, 서까래와 함께 예수 그리스도 안에서 성취된 하나님의 말씀이라는 기초를 의지한다는 의미다.

교회는 하나님의 계획이며, 당신은 그 계획의 일부다

나는 1장에서 단지 거대한 계획이나 전략의 일부가 된다고 해서 소속감을 갖게 되는 것이 아니라고 말했다. "당신은 기계의 톱니바퀴야"라든지, 심지어 "당신은 중요한 역할을 하고 있어"라는 말조차도 아주 따뜻하거나 환대하는 느낌이 아니다. 내가 지금 당신에게 바라는 것은 하나님의 계획이 차가운 전략이나 기계적인 것이 아니라는 것을 아는 것이다. 하나님의 계획은 관계적이고 사랑이 넘치며 정성과 생명이 가득하다. 친밀함을 위한 것이다. 사랑하는 사람들과 함께 계획이나 사명에 동참하는 것은 전혀 다른 이야기이며 심오한 소속감을 불러일으킨다.

사도행전 1-4장은 하나님의 교회가 어떻게 형성되었고 하나님의 사명을 수행하기 시작했는지에 관한 이야기다. 사도행전 1장 8절에서 예수님은 승천하시기 직전에 제자들에게 이렇게 말씀하신다. "오직 성령이 너희에게 임하시면 너희가 권능을 받고 예루살렘과 온 유대와 사마리아와 땅끝까지 이르러 내 증인이 되리라." 이것은 교회의 사명인 동시에 신자의 정체성이다. 여기서 가장 고무적인 점은 교회가 성령님을 통해 그리스도의 임재와 능력의 약속 위에 세워지고 있다는 사실이다.

이어서 우리는 오순절에 성령님이 권능으로 임하셔서 "신도의 수가 삼천이나 더하"여졌다(행 2:41 참고)는 이야기를 읽는다. 제자들은 교육도 받지 못했고 사회적 지위도 낮았으나 놀랍도록 담대하게 설교하고 선포했다. 우리는 성령님의 권능과 그리스도의 임재를 드러내는 기적들에 관한 이야기도 읽는다. 더 나아가 성경을 연구하고 사도들의 가르침을 받고 소유물을 통용했다는 교회의 아름다운 연합에 관한 이야기(42-47절 참고)도 읽는다.

뿐만 아니라, 사도들이 종교적, 정치적 권력가들에 의해 체포되고 위협당하는 박해와 반대 이야기도 읽는다. 사도행전 4장에서 베드로와 요한은 예루살렘에서 지도층 앞에 끌려간다. 거기서 그들은 담대히 예수님을 구주라고 선포한다. 그들은 침묵하고 다시는 예수의 복음을 설교하지 말라는 명령을 받고 풀려난다.

하지만 그들은 곧장 교회, 곧 믿는 동료들에게 가서 편안함이나 안전함이 아니라 **담대함**을 위해 함께 기도한다. 계속해서 담대히 예수 그리스도를 선포하고 하나님께서 능력으로 역사하시기를 기도한다.

"빌기를 다하매 모인 곳이 진동하더니 무리가 다 성령이 충만하여 담대히 하나님의 말씀을 전하니라."

사도행전 4장 31절의 이 기도는 예수님이 그들에게 주신 사명을 성취함에서 새로운 무대를 마련한다. 그런데 우리가 예상하는 방법과는 다르다. 보통 사명 성취라고 하면 제임스 본드, 네이비 씰 6팀(미국 해군 소속의 특수부대—엮은이), 블랙 위도우(어벤져스의 히어로—엮은이)가 대담하고도 전략적이며 결정적인 행동을 취하는 그림을 떠올리기 쉽다. 불꽃이 터지는 감동적인 드라마랄까.

그래서 자연스럽게 하나님께서 특공대 수준의 강력한 선교사들을 일으키셔서 비범한 용기로 땅끝까지 복음 들고 가게 하시리라고 생각한다. 그런데 그 다음 구절은 이렇게 말한다.

"믿는 무리가 한마음과 한뜻이 되어 모든 물건을 서로 통용하고 자기 재물을 조금이라도 자기 것이라 하는 이가 하나도 없더라 사도들이 큰 권능으로 주 예수의 부활을 증언하니 무리가 큰 은혜를 받아 그중에 가난한 사람이 없으니 이는 밭과 집 있는 자는 팔아 그 판 것의 값을 가져다가 사도들의 발 앞에 두매 그들이 각 사람의 필요를 따라 나누어 줌이라."

선교를 진전시키는 것은 단순히 열렬함이나 강렬함이 아니었다. 복음 안에서의 담대함, 즉, **그리스도 안에서의 연합**이었다. "한마음과 한뜻"이 된 것이었다. 폭탄이 터지듯이 시끄럽고 열광적인 담대함이 아니라, 남을 위해, 궁극적으로 예수님을 위해 용감히 희생하는 담대함이었다. 그리고 그것이 바로 스데반의 순교와 바울의 회심을 필두로 복음이 땅끝까지 이르기 시작할 때 일어났던 일이다. 하나님의 계획은 하나로 연합된 신실하고 담대한 교회를 통해 성취되었다. 론 레인저(미국 TV와 영화 등의 서부극의 주인공—옮긴이)들에 의해서가 아니었다. 사도행전의 교회는 오늘날 당신이 속해 있는 바로 그 교회다.

세상에 비추는 하나님의 빛

1장에서 나는 성경이 교회에 관해 묘사하는 것을, 빛을 굴절시켜 아름다움을 하나도 빠짐없이 드러내는 프리즘에 비유했다. 이 비유는 묘사적인 차원에서만 아니라 정체성의 차원에서도 적절하다. 교회는 세상에 비추는 하나님의 빛이다. 예수님의 아름다움과 복음의 진리를 주변 사람들에게 비춘다. 각 빛의 모든 측면이 있어야 사람들이 자기의 소속감을 발견하게 된다. 우리는 하나님의 사랑으로 입양되고 연합된, 한 가족이다. 쓸모없거나 무의미한 부분이라고는 한 군데도 없이 서로를 존중하고 지지하고 의지하는, 한 몸이다. 우리는 하나님이 거하실 처소가 되기 위하여 모퉁잇돌 예수님과 함께 지어져 가는, 한 건물이다. 우리는 담대함과 용기와 자기 부인과 관용을 위해 성령님을 의지하는, 하나님 계획의 성취다. 이 중의 하나라도 빠진다면, 교회는 결핍된다. 그러나 이 모든 요소가 있다면, 교회는 하나님의 의도대로 모두가 소속감을 발견할 수 있는 유일한 환경이 된다.

다음 주일에 이런 인식을 가지고 교회에 들어간다면 어떤 느낌일까? 안내 위원들, 카페 봉사자들, 아는 얼굴들, 모르는 얼굴들을 만나는 게 아니라 가족 구성원을 만나는 것이다. 어르신들, 젊은이들, 동년배들을 만나는 게 아니라 아버지와 어머니, 삼촌과 이모, 사촌과 조카, 형제와 자매를 만나는 것이다. 설령 당신이 교회에 처음 왔다 해도, 그리스도인이기만 하면, 이것이 그리스도 안에서의 실제다.

당신이 직접 봉사하거나 누군가 봉사하는 것은, 그것은 더 이상 자원봉사 목록을 채우거나 의무를 행하는 것이 아니다. 그것은 몸의 일부로서 온몸의 건강을 지원하고 돕는 것이다. 누군가 일자리나 병 낫기를 구하는 기도제목을 들을 때, 그것은 더 이상 당신에게 별 의미 없이 동떨어진 부담이 아니다. 당신 몸의 한 부분이 짊어지고 있는 무게이기 때문이다. 누군가 찬양 중에 손을 들거나 기도 중에 무릎을 꿇는 것을 볼 때, 이것은 당신의 몸이 치유되고 회복되는 순간이며, 당신은 그들과 함께 기뻐할 수 있다.

교회를 둘러보며 한 사람 한 사람의 이야기와 고유성을 묵상하다 보면, 하나님의 일하심에 탄복하게 된다. 하나님은 그런 재료들로 집을 지으셨다. 나와 당신을 포함해서 오합지졸과 괴짜들을 성령의 능력으로 한데 모으셨고, 우리를 통해 세상에 예수님을 알리려는 계획을 실행하고 계시다.

당신은 기적처럼 한 가족, 한 몸, 한 집에 소속되어 있다. 영원불변토록 중요한 사명을 수행하고 있다. 교회에는 따분하거나 진부한 일이 없다. 교회는 모든 믿는 자를 위한 하나님의 계획이고 목표이며 집이다. 바로 당신이 속한 곳이다.

실천 사항

- 교회에 관한 성경의 묘사 중에 이번 장에서 특히 당신에게 인상 깊었던 점 혹은 당신에게 소속감을 불러일으킨 점은 무엇인가? 당신의 관점을 수정할 필요는 없을까? 이번 장에 소개된 당신의 정체성에 관한 가르침에 기초해서 성경의 진리를 묵상해 보라. 하나님이 말씀하시는 당신의 정체성을 기억하라. 하나님이 계획하신 당신의 모습은 당신이 스스로 느끼는 모습보다 훨씬 더 실제적이라는 것을 기억하라.

- 교회가 역기능 가정처럼 느껴질 때(때로는 정말 그렇기도 하다), 그리스도께서 당신을 부르신 목적에 초점을 맞추라. 다른 사람들이 사랑스러운 가족처럼 행동하지 않는다 해도, 당신은 그들을 사랑할 수 있고, 섬길 수 있고, 기도할 수 있고, 인내할 수 있다. 역기능이 당신을 외부인처럼 느끼게 만들지 말고, 그들이 당신에게 사랑의 본보기가 되지 못할 때, 그들을 위해 하나님의 가족이 되어라.

- 그리스도의 몸에서 떨어져 나오고 싶다는 유혹을 언제, 어떻게 느끼는가? 그런 유혹과 경향성은 수동적이고 조용하므로 그런 것들에 대해 자각하고 있는지 점검하라. 그리고 그런 유혹에 저항하고 교회에 친밀하게 연결되어 있으려면 어떤 단계를 밟아야 할지 생각해 보라.

- 하나님이 거하실 처소가 된다는 것이 무슨 의미인지 생각해 보라. 그리고 세상을 구원하시려는 하나님의 계획에 동참한다는 것이 무슨 의미인지 생각해 보라. 이는 세상을 변혁하고 인생을 정의하는 진리다. 이것들이 교회에 관한 당신의 관점을 어떻게 바꾸어 놓는가? 교회의 일원이 되고자 하는 당신의 열망과 열정을 어떻게 바꾸어 놓는가?

토 론 가 이 드

❶ 로마서 8장 14-17절을 읽어 보라. 이 구절에 의하면, 하나님의 가족에 입양된다는 것이 어떤 차이를 낳는가? 교회에 소속된다는 것은 어떤 영향을 미칠까?

❷ 고린도전서 12장 14-27절을 읽어 보라. 14-20절과 21-26절에서 바울이 언급한 두 가지 중요한 실수는 무엇인가? 그런 실수를 저지른다면 어떤 모습일까? 그런 실수를 피하려면 어떻게 해야 하는가? (53-56쪽 참고)

❸ 에베소서 2장 19-22절을 읽어 보라. 당신이 '건물'의 일부라는 개념에 대해 어떻게 생각하는가? 당신이 하나님이 '거하시는 처소'이자 '거룩한 성전'의 일부라는 개념에 대해 어떻게 생각하는가?

❹ 왜 하나님의 사명을 '론 레인저들'이 추구하는 것으로 여기기 쉬운가? 사도행전 4장 32-35절에서 읽은 방법이 더 나은 방법인 이유는 무엇인가? (59-61쪽 참고)

❺ 그러면 고통당하는 사람들, 특별한 은사를 가진 사람들, 그리스도에 대한 믿음 없이 교회에 속해 있는 사람들을 어떻게 대해야 하는가?

❻ 친한 동료 교인들을 가족이나 몸의 지체로 여기기 위해 당신이 취할 방법은 무엇인가? 당신이 '함께 성전으로 지어지고 있음'과 '하나님이 세상에 빛을 가져오기 위해 한 팀으로 계획하셨음'을 기억하는 것이 왜 중요할까?

있는 모습 그대로 오되, 그대로 머물지는 말라
필요를 알리고, 필요를 채우라
서로 용납하라
그리스도인의 '진짜' 친교
헌신은 두려운 게 아니다
당신이 보기 원하는 바로 그것 세우기

실천 사항
토론 가이드

3

속한 자의 모습

속한 자의 모습

1장과 2장이 말하는 교회에 관한 크고 아름다운 이상을, 나는 교회에서 실제로 경험하기 전에도 어느 정도 알고 있었다. 그래서 나는 '목회 철학'에 관해 논문도 쓰거나 그것에 기초해서 '건강한 교회 문화'에 관한 세미나도 인도할 수 있었다. 하지만 그것은 교회를 **집처럼 편안한 곳**으로 여긴다는 뜻은 아니었다. 내가 지역 교회에서 진정한 **소속감**을 느끼는 것과는 무관했다는 뜻이다. 교회론(교리)은 단순히 이론으로 끝나는 것이 아니라, 실제로 삶 속에서 구현될 때 진정한 의미를 갖는다.

서문에 썼듯이, 얼마 전까지만 해도 나는 교회에 대해 지쳐 있었고 넌더리 나 있었다. 그런데 그런 순간에조차도 나는 건강한 교회가 갖추어야 할 조건에 관해 기나긴 목록을 당신에게 건네줄 수 있었을 것이다. 그런데 내가 깨닫게 된 것은 그런 목록이 소속감을 창조해 낼 수는 없다는 사실이었다. 아무리 교회에 위대한 설교와 강력한 음악과 최고의 주일학교 사역과 완벽한 제자훈련 프로그램이 있다 해도, 그 교회는 진정한 가족이 아니고 건강한 몸이 아닐 수도 있다. 신경이 곤두서고 진저리가 난 사람들이 원하는 답은 사실 완벽한 사역 프로그램이 아니다. 문화다.

문화는, 소속감과 마찬가지로, 정의하기보다는 느끼기가 더 쉬운 개념이다. 내가 최선을 다해 정의해보자면, 문화란 특정 집단의 표준을 드러내는 행동, 반응, 단어, 태도, 관점의 집합체다. 기본적으로 문화는, 집단이 본능적으로 자연스럽게 서로에게 대하는 방식이자 외부인과 상호작용을 하는 방식이다. 교회에서 이것이 갖는 함의는 어마어마하다. 만약 교회의 체계와 가르침과 프로그램 등 모든 것이 매우 단단하더라도 그 문화가 차갑거나 비판적이라면, 그 교회는 결코 환대의 장소가 될 수 없다.

예수 그리스도의 복음을 선포하는 일은 교회를 세우는 기초다. 교회는 성경적인 토대, 복음적인 설교와 가르침 없이는 건강할 수 **없다**. 하지만 교회는 그렇게 설교하고도 건강하지 않을 수 있다. 왜냐하면 불행하고도 애통하게도, 죄인인 우리는 매우 위선적일 수 있기 때문이다. 우리가 은혜의 복음을 듣고 선포하면서도, 동시에, 복음으로 다듬어지지 않거나 복음을 나누지 않을 수 있다. 그럴 때, 우리 교회의 문화는 사실상 선포된 복음의 가치를 깎아버리고 자가당착에 빠지게 된다.

한편으로 다행인 것은, 교회 문화가 복음의 진리를 구현하여 그 진리를 생동감 넘치게 만들 수도 있다는 점이다. 교회 문화는 다른 어디에도 없는 새로운 환경과 현실을 창조해 낼 수 있다. 깊고 성경적인 소속감을 제공하는 그런 문화는 오직 성령님이 개인들의 삶과 공동체의 삶을 변화시킬 때만 창조될 수 있다. 내가 섬기는 임마누엘교회에서는 이것을 '복음 문화'라고 부르는데, 이는 우리가 매우 창의적이기 때문이다.[1]

이것이 바로 **교회가 존재하는** 이유다. 우리의 존재 목적이다. 그것은 거대하고 기적적이지만, 일상적이고 구체적이기도 하다. 우리의 이해를 초월하지만, 일상의 리듬과 상호작용과 우선순위에서는 매우 실질적이다. 완벽하게 설명하고 표현하기는 어렵지만, 발견했을 때는 쉽게 알아챌 수 있다. 우리가 그것에 소속되고 헌신할 때 큰 기쁨을 느낀다. 열매로 나무를 알듯이, 아름답고 심오한 복음 문화는 그것이 낳는 열매로 안다.

이번 장에서 나는 이런 교회 문화의 본질을 파헤쳐보려 한다. 이

---

1) 내가 '복음 문화'의 출처를 제대로 밝히지 않고 깊게 설명한다면 정직하지 못한 처사일 것이다. 나는 이 단어와 개념의 창시자가 아니다. 나는 임마누엘교회를 개척한 레이 오틀런드 주니어 목사님이 쓰신 『복음』(*The Gospel*, Crossway Books, 2014)을 읽으면서 복음이 몸 된 교회를 어떻게 생동감 있게 만들어가는지를 이해했다. 비록 오틀런드 목사님은 본인이 어떤 공식을 개발했다기보다는 시간의 흐름에 따라 자연스럽게 발견했을 뿐이라고 주장하시지만 말이다. 복음 문화는 우리를 교회라고 정의할 수 있게 해주는 본질이 되었다. 이번 장을 통해 나는 이런 기적을 구성하는 재료들을 살펴봄으로써 당신이 복음 문화를 이해하고 알아채도록 돕고, 결국 당신이 복음 문화를 성장시키는 일에 기여하도록 돕고 싶다.

것은 잘 짜인 목록이 아니고, 질서정연한 단계도 아니다. 오히려 복음 문화라는 비밀 소스로 이루어진 재료들의 모음집과 같다. 아름다운 복음 문화를 채색하는 잘 섞인 팔레트와 같다.

있는 모습 그대로 오되, 그대로 머물지는 말라

누군가의 소속감을 방해하는 가장 주된 요인은 판단 받는 것이다. 대개 교회는 드러내놓고 판단하지 않는다. 대신 더 미묘하게 나타난다. 머리부터 발끝까지 훑으며 평가하는 시선, 당신의 나눔을 들을 때 눈꼬리를 치켜뜨고 숨을 들이마시는 행동, "**우리** 교회에서는 **이렇게** 처신하죠"라는 부연 설명 등으로 말이다. 우리는 다 이게 어떤 느낌인지 안다. 무시당하는 느낌, 당신의 삶에서 실제로 일어나고 있는 일이나 고민을 안전하게 나눌 수 없다는 느낌이다.

하지만 이것은 교회가 마땅히 가져야 할 모습과는 정반대가 아닌가? 복음에 의해 값없이 얻은 은혜와 자비, 변화된 삶은 한 사람의 인생이 어떤 상태에 있든 누구나 환대하고 누구나 포용한다. 어쨌거나, 예수님은 죄인들의 친구로 알려지지 않으셨던가(마 9:11, 11:16-19 참고). 물론, 이 호칭은 스스로 순전하게 종교법을 추앙한다고 착각했던 이들이 예수님을 모욕하기 위해 붙인 호칭이었다. 그들은 그 비난이 우리 구주의 심정을 놀랍도록 정확하게 묘사했음을 미처 깨닫지 못했으며, 그들 역시 그런 친구가 필요함을 알지 못했다. 예수님이 '죄인들의 친구'라고 불리시는 것과 마찬가지로, 복음에 의해 세워진 참된 교회 역시 바로 그 호칭으로 불린다.

예수님은 당시에 도덕적으로 외면당하던 "세리와 죄인들"(마 9:11)이 그분의 곁에서 안전감을 느끼게 만드셨다. 예수님은 그들의 집에 찾아가셨고, 어디에서든 그들을 환영하셨다. 예수님의 존재 자체가 소외당한 자들, 멸시당한 자들, 수치심에 사로잡힌 자들로 하여금 그분 가까이에 머물고 싶게 만들었다. 예수님을 따르는 자들, 곧 교회는 똑같은 환대와 은혜를 확장하도록 부름을 받았다.

이를 위해 우리는 **우리가** 도덕적으로 외면당하는 세리와 죄인들임을 먼저 기억해야 한다. 로마서는 "의인은 없나니 하나도 없으며"(마 3:10) "모든 사람이 죄를 범하였으매 하나님의 영광에 이르지 못하더니"(마 3:23)라고 말한다. 그러므로 건강한 교회 문화가 사람들을 환대하는 것은 우리가 모든 것을 갖추었기 때문이 아니다. 우리가 사람들을 환대하는 것은 예수님이 우리를 되찾아주셨기 때문이다. 우리는 말한다. "있는 모습 그대로 오세요. 그리고 **예수님 안에서** 당신에게 필요한 것을 발견하세요. 저도 그랬답니다."

우리가 교회에서 이런 종류의 환대를 받으면 기분이 좋기도 하지만 의심이 생기기도 한다. "있는 모습 그대로 오세요"라는 말은 훌륭하긴 하지만, 종종 성경적인 기준이 없는 교회("아무렴 어때요")처럼 들리거나 쉬운 미끼로 낚아채려는 속임수처럼 들린다.

이 교회가 과연 성경을 진지하게 받아들일까? 성경의 도덕적인 기준을 낮추는 것은 아닐까? 겉만 번지르르한 친절로 나를 유혹하고는 나중에 도덕적 망치로 나를 내려치는 것은 아닐까? 타당한 의심이다. 특히 당신이 교회에서 부정적인 경험을 한 적이 있다면 더욱 그렇다.

다시 한번 말하지만, 우리는 답을 찾아가면서 예수님을 바라봐야 한다. 예수님의 제자들을 떠올려보라. 그들은 다양한 사회·경제적 배경, 다양한 정치 성향, 다양한 성경 지식과 도덕 기준을 가진 젊은 남자들로 구성된 독특한 집단이었다. 그들은 자주 자신의 미성숙, 어리석음, 예수님이 누구신지에 대한 기본적인 몰이해를 드러냈다. 그들은 누가 가장 큰 자인지(막 9:33-34 참고) 논쟁했고, 어린아이들을 예수님에게서 떨어뜨려 놓으려 했으며(막 10:13-16 참고), 예수님이 죽음에 대해 말씀하시지 못하게 막았고(막 8:31-33 참고), 최후의 순간에 예수님을 배신하고 부인하고 버렸다(막 14:1-11, 48-50, 66-72 참고). 그런데도 예수님은 그들을 위해 십자가로 향하셨고, 성령님을 보내사 오늘날 우리가 속해 있는 바로 그 교회를 시작하도록 그들에게 힘을 주셨다.

예수님은 오래 참으신다. 그분의 아버지는 "자비롭고 은혜롭고 노하기를 더디 하고 인자와 진실이 많은 하나님"(출 34:6)이시다. 그러므로 "있는 모습 그대로 오라"는 초청은 죄와 씨름에 대한 무관심함도 아니요, 감추어진 위협도 아니다. 하나님이 우리에게 보여 주시는 바로 그 오래 참으심 안으로의 초청이다. 누구도 빠르게 변화되지 않는다. 적어도 우리의 내면은 그렇다. 그리고 하나님은 그것을 알고 계신다.

우리는 삶의 모든 고난, 추함, 죄악, 망가짐, 트라우마, 기행, 좌절을 지닌 채로 교회에 와서 환대를 받고 "당신이 여기 있어서 기뻐요. 우리 함께 예수님과 동행해요"라는 말을 들을 때, 소속감을 느낀다. 그리고 난 후에 더 나아가 다른 사람들을 예수님의 사랑과 인내와 변화시키는 우정 속으로 안내함으로써 그들이 소속감을 느끼도록 환대하는 자리에 이르게 된다.

필요를 알리고, 필요를 채우라

"어떻게 지내세요?"

"괜찮아요. 당신은요?"

이런 대화를 한 주에 얼마나 자주 하는가? 당신의 대답은 "좋아요", 혹은 (특히 경건하다면) "은혜로 잘 지내요", 혹은 (현대인이라면) "피곤해요" 등일 것이다. 어떤 대답이든, 그것을 대화라고 부른다면 조금은 과장이다. 오히려 본능적인 에티켓에 가까울 것이다. 첫 번째 문장은 사실상 질문이 아니고, 두 번째 문장도 사실상 대답이 아니다. 왜냐하면 "어떻게 지내세요?"라는 질문에 진실로 답하는 것이 두려운 일일 수 있기 때문이다. (게다가 솔직한 답을 듣는 것은 조금의 과장도 없이 몹시 충격적일 것이다.)

솔직한 답이라면 "외로워요", "포르노에 중독됐어요", "우울해요", "삶이 무의미하고 대체 어디로 흘러가는지 모르겠어요", "결혼생활이 답답해요", "하나님과 멀어졌어요", "수치스러워요" 등일 경우가 많을 것이다. 하지만 어떻게 누군가의 눈을 보며 스스로에 대해 이렇게 말할 수 있겠는가? 그토록 솔직해지는 것은 두려운 일이다. 당신 삶의 가장 어둡고 민감한 부분을 드러내는 것이니까 말이다.

정확히 그렇다. 그런데 저 방법이 바로 그리스도께서 당신과 내가 교회에서 다른 사람들과 관계 맺도록 부르시는 방법이다.

"건강한 자에게는 의사가 쓸 데 없고 병든 자에게라야 쓸 데 있느니라 나는 의인을 부르러 온 것이 아니요 죄인을 부르러 왔노라."

예수님께서 마가복음 2장 17절에서 하신 이 말씀은 우리의 필요를 알리라는 초청이다. 예수님은 그분의 돌봄과 구원에서 아무도 배제하지 않으신다. 오히려 어떤 사람들이 자신을 스스로 배제한다고 지적하신다. 그리스도가 필요하지 않을 만큼 의로운 이가 누구인가? 아무도 없다. 그러나 어떤 사람들은 자기가 그런 줄 안다. 그들은 자기 죄와 실패와 필요를 감추거나 깡그리 부인한다. 그러면 예수님은 그들에게 아무것도 할 수 없으시다.

병자가 의사에게 자기의 고통과 증세를 알리는 것처럼 우리가 우리의 필요를 예수님께 알린다면, 예수님은 우리를 치료하실 수 있다. 예수님은 우리에게 완전한 정직으로 나아오라고 초청하신다. 우리 삶에서 진짜로 일어나고 있는 일을 낮은 마음으로 드러내라고 말이다. 예수님은 우리에게 이 분명한 선을 넘어가라고 요청하신다. 만약 우리가 그리스도께 우리의 필요를 숨긴다면, 우리는 온전함과 치유, 그리고 어쩌면 구원까지도 거절하는 것이다.

> "그가 빛 가운데 계신 것 같이 우리도 빛 가운데 행하면 우리가 서로 사귐이 있고 그 아들 예수의 피가 우리를 모든 죄에서 깨끗하게 하실 것이요"(요일 1:7).

참된 정직(어둠을 거두고 그리스도의 빛을 붙드는 것)은 우리를 참된 소속감으로 인도한다. 예수님이 우리를 죄의 더러움과 오염에서 깨끗하게 하실 때 우리는 예수 그리스도의 치유를 경험하고, 빛 가운데로 들어간 다른 그리스도인들과 기쁘게 연합된다.

의사를 만날 때, 우리는 그들에게 모든 것을 말하는 게 안전하다고 확신한다. 설령 그것이 잠재적으로 부끄러운 일이라도 그렇다. 항상 말하기 쉬운 것은 아니지만, 그렇게 하는 게 더 옳다는 것과 의사가 모든 정보를 종합해서 더 나은 진단과 처방을 내린다는 것을 안다.

마찬가지로, 교회는 예수님이 일하시도록 하나님이 의도하신 곳이다. 우리는 "빛 가운데 행하"고, 예수님은 우리 죄를 씻으시고 치유하신다. 이것은 대개 우리의 믿는 지체들의 돌봄을 **통해서**다. 성경은 우리에게 "[우리] 죄를 서로 고백하며 [우리] 병이 낫기를 위하여 서로 기도하라"(약 5:16)라고 말한다.

내가 남자 성경공부 모임에서 처음으로 '빛 가운데 걷는 삶', 즉 완전히 정직하게 살라는 초청을 받았을 때, 감히 말하지만, 나는 회의적이었다. 더 정확히 말하자면, 나는 그 초청이 너무 비현실적이라고 생각했다. 사람들이 나의 부끄러움을 구경하고, 내가 바라지도 않는 조언을 하고, 결국에는 나에 대해 뒷담화하게 될 것이라고 생각했다. 단순히 말하자면, 그것은 안전과 치유로의 초청이라고 느껴지지 않았다.

그런데 그것은 내가 예수 그리스도의 복음을 근본적으로 이해하지 못했기 때문이었다. 사람들이 예수님의 자비 앞에 자신을 던질 때, 그들은 변화되어 다른 사람들에게 예수님의 자비와 치유를 전하는 통로가 된다. 그러므로 완전한 정직으로의 초청은 위협이 아닌 치유로의 초청이요 짐을 덜어내는 초청이었던 것이다.

이제부터 어째서 그런지를 설명해 보도록 하겠다.

첫째, 변화된다는 것은 죄 안에서 죽은 상태로부터 예수님 안에서 살아나는 것을 의미한다. 그런데 그것은 아직 예수님께 자기 삶을 헌신하기 전인 사람들보다 이렇게 변화된 사람들이 결코 더 나은 존재라는 뜻은 아니다.

만약 어떤 그리스도인이 죄, 고통, 수치, 삶의 어두운 부분을 우리에게 솔직히 털어놓는다면, 우리의 반응은 "사실 나도 그래. 말해줘서 정말 고마워"여야 한다. 정확히 같은 경험을 하지 않았더라도, 예수님께 짐을 맡기고 그분만이 주실 수 있는 참 자유를 발견하는 경험이 무엇인지 우리는 안다.

우리는 그 정직한 사람보다 위에 있지 않다. 우리는 그들과 **나란히** 있다. 하나님의 가족 안에는 자만이나 계급이나 우월함의 자리가 없다. 사람들은 믿는 지체들이 "세상에"나 "진짜야?"가 아니라 "나도 그래"라고 말할 때 비로소 안전하다고 느낀다.

둘째, 용서와 죄 씻음의 자유를 경험하는 것은 우리가 그 경험으로 인해 다른 사람들도 그리스도를 통해 그 자유를 누리길 바라게 된다는 뜻이다.

예를 들어, 만약 당신에게 척추 교정사의 도움을 받은 친구가 있다면 그게 무슨 뜻인지 잘 알 것이다. 왜냐하면 당신이 조금이라도 아프다고 말할 때마다 친구가 그 사람을 추천할 것이기 때문이다. (때로는 성가실 때도 있겠지만) 그런 상황은 그 친구가 진짜 도움과 치료를 경험했기 때문에 당신도 똑같은 경험을 하기를 바란다는 사실을 보여준다. 그 척추 교정사가 당신의 회복에 도움을 줄 것이라는 확신이 있는 것이다.

이것은 우리가 교회에서 어떠해야 하는지를 보여준다. 우리는 예수님께서 사람들의 상처를 치유하실 수 있다고 확신한다. 그래서 우리가 직접 경험한 복음의 치유와 은혜를 나누고 싶어야 한다.

복음으로 세워진 안전한 교회 문화 속에서 누군가 용기를 내어 정직하게 자신의 이야기를 꺼냈을 때, 우리는 어떻게 반응해야 할까? "자, 그 문제를 고치기 위해 네가 취해야 할 다섯 가지 단계가 있어"라든지 "도움이 될 만한 좋은 책을 추천해 줄게"여서는 안 된다. 물론 그런 것들도 어떤 시점에는 도움이 되겠지만, 우리는 의사가 아니지 않은가. 우리가 낫게 하는 게 아니다. 우리도 역시 환자다. 우리 역시 예수님이 필요하다.

그러므로 우리가 해야 할 일은 우리 형제자매들과 **나란히** 예수님의 발아래까지 걸어가는 것이다. 그들 곁에서 그들의 필요와 짐과 죄 고백을 예수님께 올려드리는 것이다. 우리를 위해 다른 이들이 그렇게 해주어야 하는 것과 마찬가지다.

물론 우리는 경우에 따라 목회자에게 도움을 구하라고 그들에게 조언하거나 실질적인 변화를 권면할 수 있다. 하지만 무엇보다 중요한 것은, 그들이 상처를 예수님께 가져가서 예수님이 도우시고 치유하시도록 그들을 계속 초청해야 한다는 것이다.

셋째, 그리스도는 우리가 다른 사람들을 바라보는 방식을 바꾸시고, 그 결과 우리의 눈이 열려서 그들이 진정 누구인지를 보게 된다. 하나님의 형상을 지닌 존재요, 마땅히 존귀와 존중을 받을 존재임을 말이다.

C. S. 루이스의 유명한 말이 있다. "평범한 인간은 없다. 당신이

이제껏 대화한 대상은 그저 죽을 인간이 아니다." 우리가 이 사실을 깨닫는 때는 오직 그리스도께서 우리의 자연적이고 일시적인 자기중심적 관점에서 그분의 웅장하고 영원한 관점으로 우리의 시선을 옮겨주실 때뿐이다. 당신이 교회에서 만나는 모든 사람은 하나님의 형상을 영원토록 지닐 존재다. 심오한 존귀와 가치를 품은 존재다. 당신이 만나는 모든 신자는 하나님의 사랑받는 자녀다.

하지만 대개 우리는 자신에 대해, 타인에 대해 그 사실을 잘 깨닫지 못한다. 우리는 종종 자신을 볼 때는 최악의 순간 혹은 가장 위대한 업적을 남긴 순간으로 정의 내린다. (어느 경우든, 나쁜 순간에는 쉽게 무너져내리고 만다.) 본능적으로 우리는 창조주의 시선으로 자신과 타인을 보지 않는다. 이런 일은 오직 예수님이 우리의 눈을 열어주실 때만 일어난다.

우리는 그전에는 타인과 함께 있을 때 안전하다고 느끼지 못하고, 완전히 정직할 수 없으며, 타인에게 안전함을 제공하지도 못한다. 우리가 깊은 내면을 드러내면, 그것이 악용되거나 이용되거나 부메랑이 되어 돌아오거나 무시당할지 모른다고 생각한다.

하지만 일단 예수님이 우리를 붙들어주시고, 또 우리가 자신과 타인을 우리가 생각하는 것보다 훨씬 더 존귀하고 가치 있는 사랑받는 존재로 보게 되면, 우리는 그들을 마땅한 대우대로 합당하게 대하게 된다. 서로의 존엄함을 보호하고 존중하기 때문에 모욕이나 뒷담화나 날 선 비판의 여지가 없다. 그렇게 될 때 주변 사람들의 삶 속에서 드러나는 하나님의 손길과 은혜의 흔적을 의도적으로, 공개적으로, 그리고 따뜻한 말로 기뻐하며 축복한다. 그리고 그리스도 안에서 우리가 누구인지를 끊임없이 서로에게 상기시킨다. "존경하기를 서로 먼저 하"(롬 12:10)는 것이다.

서로 용납하라

나는 내가 가진 대부분의 이상주의를 내려놓을 만큼의 나이를 먹었다. 충분히 긴 삶을 살아보면, 영화 '엘프'(2003)의 버디(인간이지만 어릴 적 실수로 북극에서 엘프로 키워졌다가 친아버지를 찾기 위해 다시 뉴욕에 온 주인공이다—옮긴이) 같은 마음으로 살지 않은 한, 모든 인간관계와 상호작용이 새로운 절친을 사귀는 시작점이 되지는 않는다는 사실을 알게 된다. 좀 더 정확하게 말하자면, 사람이 타인에게 좌절감과 상처를 줄 수 있다는 사실을 알게 된다. 성경은 이것에 대해 놀라울 정도로 현실적이며, 교회 안에서도 그렇다고 밝힌다.

우리가 갈등을 유발하는 게 불가피하다면, 그리스도 안에서 하나 되는 안전한 문화를 어떻게 만들 수 있을까? 바울은 에베소서 4장 1-3절에서 이렇게 말한다.

"그러므로 주 안에서 갇힌 내가 너희를 권하노니 너희가 부르심을 받은 일에 합당하게 행하여 모든 겸손과 온유로 하고 오래 참음으로 사랑 가운데서 서로 용납하고 평안의 매는 줄로 성령이 하나 되게 하신 것을 힘써 지키라."

이것은 하나 되라는 분명한 부르심이지만, 그렇다고 마찰이나 갈등이나 충돌의 여지를 조금도 두지 않는 상태에 대한 묘사는 아니다. 오히려 마찰과 충돌이 존재할 것이라고 **가정한다**. 그래서 바울은 온유와 사랑 가운데서 행하라고 말하지 않고 **오래 참음으로 서로 용납하라**고 요청한다. 우리가 시험당할 때 우리에게 필요한 것은 오직 인내다. 우리를 답답하게 만드는 사람들을 용납해야 한다.

혹시라도 자기를 피해자로 보는 함정에 빠지지 않기 위해, 우리 또한 누군가를 힘들게 한다는 사실과 그들이 온유와 오래 참음으로 우리를 용납하고 있다는 사실을 기억해야 한다. 우리는 우리가 타인을 용납한 경우는 항상 잘 기억하면서도 다른 이들이 우리를 얼마나 오래 참아주었는지는 완전히 잊어버리고 마는 경향이 있다.

위의 구절에서 바울은 복음 안에서의 연합을 위해 서로 용납할 것을 우리에게 권면하고 있다. 타인이 온유와 인내로 우리의 무지, **나쁜** 습관, 서로 다른 신학적 관점, 다양한 선호도의 차이를 용납해 주지 않는다면, 누구도 우리 교회에서 진정한 소속감을 발견할 수 없을 것이다. 마찬가지로, 우리가 타인을 넉넉한 사랑으로 바라보며 그들에게 오래 참음을 보여주지 않는다면, 우리는 그들이 우리 교회에서 소속감을 발견하기를 기대할 수 없을 것이다.

고린도전서 13장은 성경의 '사랑 장'으로 유명하다. 서구에서 보통 사랑과 로맨스를 동일시하기 때문에, 이 장은 결혼식 설교에 자주 등장한다. 그러나 사실 이 장은 그리스도의 몸 된 교회 안에서 그리스도인의 사랑에 관한 장이다. 7절은 "모든 것을 참으며 모든 것을 믿으며 모든 것을 바라며 모든 것을 견디느니라"라고 말한다. 이것을 달리 말하자면, 그리스도인들 사이의 사랑은 타인을 용납하고, 좋게 여겨주며, 그리스도 안에서 밝은 미래를 보고, 그 밝은 미래를 향해 인내하며 동행하는 것이다.

바울은 에베소서 4장에서도 우리에게 이것을 요청하고 있으며, 그래서 우리는 "평안의 매는 줄로 성령이 하나 되게 하신 것을 힘써 지켜"(3절)야 한다.

위 구절들은 해방감을 주는 동시에 부담감을 준다. 해방감을 주는 이유는, 교회의 연합이 만장일치에서 비롯되는 것이 아님을 보여주기 때문이다. 우리가 진정한 안전감과 소속감을 느끼는 곳은, 우리와 완벽히 똑같은 부류의 집단이 아니다.

예수님의 제자가 되라는 부르심은 우리가 모두와 의견일치를 이루거나 모두가 우리와 의견일치를 이루기 위함이 아니다. 모두와 절친이 되기 위함도 아니다. 삶의 여러 면모를 모두가 똑같이 이해하기 위함도 아니다. 오히려 그런 것들은 위 구절들이 우리에게 부담감을 주는 이유가 된다.

그 부르심은 사랑에서 비롯된 것이기 때문에 우리는 서로의 **다름에도 불구하고** 타인을 오래 참음으로 용납하고 타인과 나란히 동행해야 한다. 이것이 바로 그리스도의 몸 된 교회가 기적이 되게 만드는 것이다. 우리는 오직 성령님의 일하심에 힘입어서만 그것을 발견하고 그런 삶을 살아낼 수 있다. 이것은 우리가 타인에게 안전감과 소속감을 제공하는 방법이자, 우리 자신도 안전감과 소속감을 발견하는 방법이다. 그들에게 용납받기 바라는 대로 그들을 용납해 줌으로써, 우리는 이웃을 내 몸과 같이 사랑하는 것을 실천하게 된다.

그리스도인의 '진짜' 친교

내가 자란 교회에도 (그 시절 대부분의 미국 교회처럼) 친교실이 있었다. 타일로 천장을 덧댄 회갈색 방이었는데, 8인용 둥근 테이블과 쇠로 만든 접이식 의자가 놓여 있었다. 그곳에서 성경 공부부터 식사, 운영회의에 이르기까지 다양한 행사가 열렸다. 나에겐 그곳이 종종 어르신들이 주일 모임에서 구운 과자를 몰래 훔쳐 먹거나, 교회에서 뛴다고 꾸중을 듣던 장소다. 내가 기억하는 그곳은 늘 그린빈 캐서롤, 커피 케이크, 강한 향수 냄새, 긁힌 자국이 남은 러그, 그리고 여러 권의 성경책으로 뒤섞여 있다. 그래서 좋든 싫든, 나는 '친교'라는 단어와 함께 그 친교실을 떠올리게 된다.

그런데 (교회에 초청돼서 누리게 되는) 그리스도인의 친교는 그 이상이다. 그것은 단순히 모이고, 이야기 나누고, 함께 공부하는 것 이상의 의미를 지닌다. 하지만 그 이하는 아니다. 친교는 반드시 '함께 모이는 곳'에서 시작된다. 의미 있는 관계성이 형성될 때 친교가 극대화된다. 친교는 성경의 진리를 중심으로 이루어져야 한다.

그런데 친교란 대체 무엇일까? 교회에 진정으로 소속되려면 왜 친교가 그토록 필수적일까? 그리스도인의 친교를 간단히 정의하자면, "서로 ○○하라"는 성경의 명령들이 기쁨으로 지켜지는 신자들의 모임이다. 다음은 그런 명령들의 예시다.

서로 사랑하라(요 13:34 참고).

서로 덕을 세우라(살전 5:11 참고).

서로 용납하라(골 3:13 참고).

서로 용서하라(엡 4:32 참고).

서로 종노릇하라(갈 5:13 참고).

서로 우애하라(롬 12:10 참고).

서로 기도하라(약 5:16 참고).

서로 가르치라(골 3:16 참고).

서로 마음을 같이하라(롬 12:16 참고).

서로 복종하라(엡 5:21 참고).

서로 존경하라(롬 12:10 참고).

서로 환대하라(롬 15:7 참고).

서로 위로하라(살전 4:18 참고).

서로 권면하라(히 3:13 참고).

예수님에 의해 변화되어 이런 방식으로 관계를 맺는 그리스도인들 공동체에 속해 있다고 상상해 보라. 그 안에서 소속감을 느끼지 **못하는 게** 오히려 더 어려울 것 같지 않은가? 그곳은 가장 활기차고, 그리스도 중심적이며, 행복하고, 하나 된 공동체일 것이다. 그리고 그것이야말로 그리스도께서 그분의 교회에 대하여 꿈꾸셨던 바로 그 모습이다.

친교에 대한 신약의 말씀들을 살펴보자.

"그가 빛 가운데 계신 것 같이 우리도 빛 가운데 행하면 우리가 서로 사귐[친교—옮긴이]이 있고 그 아들 예수의 피가 우리를 모든 죄에서 깨끗하게 하실 것이요"(요일 1:7).

이 구절은 이미 살펴보았지만 좀 더 자세히 들여다볼 가치가 있다. 친교의 근원과 성격을 보여주기 때문이다. 그 근원은 예수님께서 우리의 죄를 씻으셔서 우리가 죄의 속박과 고립에서 벗어난 것이다.

그렇게 시작된 친교는 자유롭고, 방해받지 않으며, 감시당하지 않는다. 그리스도 안에서 정의되는 친교는, 정직과 안전과 자유와 방해받지 않는 행복이다.

"그들이 사도의 가르침을 받아 서로 교제[친교—옮긴이]하고 떡을 떼며 오로지 기도하기를 힘쓰니라"(행 2:42).

성령님께서 예루살렘에 처음 교회를 세우시고 그들이 처음으로 모였을 때, 교회의 모습은 이랬다. 이것이 성령님께서 하나님 백성의 마음을 감동시키실 때의 모습이다. 그들은 복음의 가르침과 친교에 자신을 **온전히 헌신**했다. 이 말은 곧 신자들의 모임의 목적이 그리스도 안에서 서로를 세우기 위함이었다는 뜻이다. 믿는 자들의 모임은 의도가 있었고 우선순위가 있었다. 그냥 우연한 모임이 아니었다. 그들은 친밀함과 성장과 서로 사랑을 위해 모임에 헌신했다.

오늘날도 마찬가지다. 그리스도인의 친교는 우연히 발생하지 않는다. 우리는 함께 모이고도 의미 있는 친교에서는 실패하는, 참 인상적이면서도 슬픈 능력이 있다. 심지어 성경을 공부하고도 그것을 놓치기도 한다.

하지만 우리가 모일 때 그리스도께서 우리 안에서 역사하심을 믿고, 또 우리가 모일 때 우리가 그리스도를 닮아가려고 한다면, 그렇다면 그것이 식사 모임이건 봉사 모임이건 스포츠 모임이건 어린이 모임이건, 우리는 저 아름다운 친교를 나누게 된다. 초대교회처럼 우리도 서로 사랑할 수 있다. 그리스도인의 '진짜' 친교의 연합과 친밀함과 기쁨을 경험할 수 있다.

헌신은 두려운 게 아니다

1장에서 우리는 '소속감'이란 그저 편안한 감정 이상을 의미한다는 사실을 살펴보았다. 우리는 하나님께서 우리에게 품으신 계획을 성취하고 그분이 의도하신 삶을 살 때 **소속감을 느낀다**. 하나님은 우리가 그분 교회의 일원이 되게 하셨고, 정직함과 안전함과 오래 참음과 치유와 친교의 장소를 발견하게 하셨다. 그런데 우리가 항상 소속감을 느끼는 것은 아니다. 교회 생활이 항상 순조롭게 흘러가지는 않는다. 우리 마음의 문제이건, 신자들의 공동체의 문제이건, 둘 다의 문제이건, 아무튼 그렇다.

우리가 소속되지 않았다고 느낄 때, 종종 한쪽 발을 문밖에 두고 한쪽 눈으로 다른 가능성을 살피면서 살아간다. 우리는 관계적으로 움츠러들고, 자기 은사와 달란트와 자원을 아끼려 한다. (아니면 우리가 좀 더 소속되기로 마음먹은 다른 곳에 그것들을 준다.) 교회에 덜 주고, 그만큼 덜 받는다. 당연히 이것은 반복 강화되는 부정적 순환구조가 된다. 움츠러든다는 것은 소속감을 덜 느낀다는 뜻이고, 그래서 더 움츠러들면 더욱 소속감을 덜 느끼게 된다. 당신이 교회에 헌신하지 않는다면 교회에서 진정한 소속감을 발견하기란 불가능하다. 이것이 냉엄한 현실이다.

물론 교회에 헌신하라는 말이 위험 부담이 크게 느껴지는, 겁나는 말일 수 있다. 전에 교회에서 상처를 입은 적이 있다면 특히 그렇다. 하지만 앞서 살펴봤던 소속감의 증표들(복음에 의해 형성된 문화, 안전함과 정직함과 오래 참음과 서로 용납함의 문화, 진정한 친교의 장소 등)을 생각해 보라. 교회에 헌신하는 것은 스스로에게 자신의 성장과 형통을 위한 최고의 환경을 선물하는 것이다.

당신이 보기 원하는 바로 그것 세우기

어쩌면 당신은 "하지만 내가 다니는 교회는 저런 복음 문화와 별 상관이 없는 것 같은데"라고 생각하는지 모르겠다. 혹은 "어떻게 해야 교회에서 저런 문화를 볼 수 있을까"라고 자문하고 있는지 모르겠다. 짧게 답하자면, 그런 의도를 마음에 품고 작은 첫걸음을 내딛어라. 교회 가족들과 함께 모여서 이야기를 나누며 복음 문화의 요소들을 위해 기도하라. 그것들에 헌신하라. 당신의 교회를 변화시키는 일은 당신에게 달린 것이 아니다. 하나님께 달린 것이다. "네 길을 여호와께 맡기라 그를 의지하면 그가 이루시고"(시 37:5)라는 말씀처럼 하나님께 맡기고 하나님을 의지하는 일, 그것이 당신에게 달린 일이다.

히브리서 10장 24-25절을 기억하라.

"서로 돌아보아 사랑과 선행을 격려하며 모이기를 폐하는 어떤 사람들의 습관과 같이 하지 말고 오직 권하여 그날이 가까움을 볼 수록 더욱 그리하자."

나는 예전에는 이 구절을 어떤 잣대나 위협으로 받아들였다. 이를 앙다물고 교회 문지방을 수시로 넘나들어야 한다고, 그러지 않으면 나쁜 일이 생긴다고 생각했다.

하지만 이 말씀은 전혀 그런 뜻이 아니다. **왜** 모이기를 폐하지 말라고 할까? 그래야 우리가 **북돋움**(개역개정에서는 '권함'—옮긴이)을 받기 때문이다. 우리는 함께 모여서 서로를 북돋운다. 사랑과 선행을 위해서다. 우리가 교회의 일원이 되기로 헌신할 때, 그리고 복음의 가르침을 반영하는 복음 문화를 추구하고 그것에 기여하기로 헌신할 때, 우리는 그리스도의 마음 한복판(사랑, 선행, 북돋움)에 자신을 던지는 것이다. 진정한 소속감은 다른 곳에서 찾을 수 없다. 그런데 왜 다른 데서 찾으려 하는가?

실천사항

- 당신이 교회에서 발견하기 원하는 것들의 목록이 있는가? 그 목록은 '건강한 교회 문화'를 반영하는가? 좋은 교리, 좋은 프로그램, 좋은 음악, 좋은 가르침이나 설교조차도 건강하지 못한 교회 문화에 의해 훼손될 수 있다는 사실에 유의하라. 교회에서 이런 일이 발생하는 경우를 목격한 적이 있는가? 반대로, 음악, 자원, 프로그램이 별로임에도 불구하고 건강한 복음 문화가 있는 경우를 경험한 적 있는가?

- 교회 안에서 성경적 정직, 존경, 안전감의 자유와 변화시키는 능력을 경험해 보았는가? 어떻게 하면 교회 안에서 이런 것들을 확장하고 복음 문화에 참여할 수 있을까?

- "서로 ○○하라"는 계명들을 살아내는 교회 공동체를 상상해 보라. 어떤 모습일까? 그 일원이 되는 것은 어떤 기분일까? 교회 안에서 이 계명들을 실천하는 일들을 늘리거나 촉진할 수 있는 구체적인 일들을 써 보라.

- 교회에 헌신하는 것은 두려운 일일 수 있다. 그 헌신을 망설이게 만드는 것들은 무엇인가? 주저할 때 지불하게 될 대가는 무엇인가? 당신이 다음 단계로 나아가려면 어떻게 해야 할까?

토 론 가 이 드

❶ 마태복음 9장 10-13절을 읽어 보라. 우리 시대의 교회들이 예수님의 말씀으로부터 무엇을 배울 수 있을까? 서로에게 자비를 베푸는 것은 실제로 어떤 모습일까?

❷ "교회는 예수님이 일하시도록 하나님이 의도하신 곳이다. … 예수님은 우리 죄를 씻으시고 치유하신다."(77-78쪽 참고) 이것이 당신을 놀라게 하는가? 야고보서 5장 16절은 우리가 어떻게 치유를 받는다고 말하는가?

❸ 78-80쪽을 읽어 보라. 다른 교인에게 깊고 솔직한 이야기를 나눌 준비를 하고 있다고 상상해 보라. 파이퍼가 설명한 세 가지 태도를 하나씩 살펴볼 때 당신에게 어떤 깨달음을 주는가?

❹ 에베소서 4장 1-3절을 읽어 보라. 개인적으로, 이러한 부르심은 어떤 점에서 자유케 하는가? 혹은 어떤 점에서 두렵게 하는가?

❺ 85-86쪽에 있는 "서로 ○○하라"의 목록을 보라. 당신이 좀 더 힘써야 할 부분은 무엇인가?

❻ 당신의 교회에서 복음 문화를 (더욱 잘) 세워가기 위해 당신이 할 수 있는 일은 무엇일까?

친목적인 연합의 허울
'반대함'이 만들어내는 거짓 연합
성경적 연합의 아름다움과 소속감
연합하여 살아가기

실천 사항
토론 가이드

4
연합, 소속감이 생기는 유일한 길

연합, 소속감이 생기는
유일한 길

　지체가 함께 어우러지도록 작동되지 않는 몸은 병든 몸이다. 산산이 바스러진 가정은 망가진 가정이다. 벽에 금이 가고 허물어지는 건물은 안전하지 않은 건물이고, 보수나 몰수가 필요한 건물이다. 이것들은 성경이 교회를 묘사할 때 사용한 비유와 이미지들이다. 그래서 사람들이 소속감을 느끼려면 어느 교회에서나 연합이 핵심이라는 것을 쉽게 알 수 있다. 연합은 지역 교회가 신자들의 공동체로서 우리의 헌신을 받을 가치가 있다는 증거, 곧 건강함과 견고함의 증거다.

　우리는 (우리가 1장에서 살펴본 바와 같이) 쉽게 얻는 소속감에 끌리는 것과 마찬가지로 쉽게 얻는 '연합'에 끌리는 경향이 있다. 우리는 클릭 한 번으로 쉽게 이루어지는 연합을 원한다. '막연히 잘 맞는 느껍'으로 '자연스럽게' 연합되기를 원한다. 즉, 노력을 기울이고 싶지 않다는 뜻이다. 우리는 본능적으로 타인(특히 그리스도인들)과의 연합이 단순히 친밀하기만 하면 이루어질 것이고 너무 어렵거나 시간이 오래 걸려서는 안 된다고 생각한다. 이런 억측 때문에 우리는 겉으로는 연합되어 있는 것처럼 보이지만 실제로는 연합을 망치고 있는, 두 가지 종류의 교회 공동체에 매력을 느끼곤 한다.

친목적인 연합의 허울

미국 남부 문화에서 간과할 수 없는 사실이 있다. 남부인들은 **친절하다**. 공감을 잘하고, 당신을 "자기야"라고 부르며, 등을 두드려 주고, 언제든 도움을 주는 멋짐이 있다. 가끔 남성 호르몬이 과다 분비된 듯한 젊은이가 트럭에서 나와 과하게 굴 때도 있지만, 어쨌거나 당신은 이보다 더 친절하고 예의 바른 상황을 맞닥뜨리기가 어려울 것이다. 반대로 내가 자란 미국 서부는 사람들이 덜 따뜻하고 좀 더 무심한 듯 보일지 모른다. 하지만 당신은 그들을 좋은 이웃으로 의지해도 좋다. 그들은 타인의 신경을 건드리려 하지 않고, 자기에게도 똑같이 대해주기를 기대한다.

그런데 남부에서도 서부에서도, (다소 형식적인) 외향적 친절함이 교회 안에 팽배해 있다. 사람들은 논쟁하지 않는다. 논쟁이 될 만한 주제들은 대화에서나 설교에서나 기피 대상이 된다. 그리고 죄 고

백은 거의 일어나지 않는다. 모든 이에게 마음의 동요나 당혹스러움을 유발하기 때문이다. 신앙 강좌와 프로그램과 위원회와 선교 사역은 놀라울 정도로 매끄럽게 진행된다. 당신이 주일 아침에 아무 교회의 로비나 현관이나 친교실에 가면, 포옹과 악수를 자주 목격하고 소란스러운 대화 소리를 흔히 듣게 될 것이다. 사람들이 소그룹, 대그룹, 가정 모임, 제자 훈련, 선교 공동체, 주일 학교 수업에 참여하는데, 겉으로는 아무런 충돌 없이 모든 것이 잘 돌아가는 것처럼 보인다.

하지만 이것은 진정한 연합이 아니다. 어떤 교회든지 **겉면 아래**에는 충돌이 있게 마련이다. 영혼의 충돌, 생각의 충돌, 계획의 충돌, 관계의 충돌, 교회 리더십 안에서의 충돌, 국내 사역이나 해외 사역에서의 충돌이 있다. 그런데 이런 어려운 문제들을 못 본 체하거나 대충 얼버무린다고 해서 연합되는 게 아니다. 얼굴에 미소를 장착하고는 소극적인 공격성이 담긴 반응("아이고 저런"이라거나 "자식이 참 부모와는 다르네요"같이 상냥함 뒤에 가혹한 비판이 감추어져 있는 반응)을 보이는 일은 여러 교회에서 흔하다. 그러나 이런 반응이 하나님의 백성을 더욱 가깝게 묶어주지는 않는다. 오히려 여기서 **그런** 소재로 대화하는 것은 안전하지 않다는 의미를 전달한다. 당신의 충돌은 은밀하게 혹은 다른 데서 다뤄져야 하는 것이지 교회 안에서는 아니라고 말이다.

물론 친절함, 무던함, 상냥함은 모두 좋은 것이며, 신앙 공동체에 들어가서 정착하는 과정을 수월하게 만들어준다. 하지만 우리가 인생의 고난을 헤쳐 나갈 때, 우리를 거기에 계속 머물게 하는 것이 과연 무엇일까? 당신의 결혼생활이 위태로울 때, 단순한 친절함이 당신이 그토록 절박하게 원하는 도움을 당신에게 안겨줄까? 정치적인 분위기가 험악해질 때, 단순한 상냥함이 당신의 교회를 분열로부터 지켜줄까? 교회 성도들 간에 감정의 골이 깊어질 때, 단순한 무던함이 화해를 가져올까? 아니다. 이런 경우에는 친절과 친목이 오히려 교회의 분열을 일으킬 수 있다. 사람들이 친절과 친목의 뒤에 숨어서 정직하지도, 겸손하지도 않게 행동할 수 있기 때문이다.

'반대함'이 만들어내는 거짓 연합

"나의 적의 적은 나의 친구다." 이 말이 많은 교회에서 통할 수 있는 게 현실이다. 우리는 공동의 적, 즉 거리를 두고 싶거나 반대하고 싶은 무언가를 찾아내서 쉽게 무리를 짓는다. 특정한 정치 정당, 신학적 입장, 사회 운동에 반대함으로써 하나가 된다. 이러한 사고방식은 전투적이고 노골적인 형태일 때도 있고, 좀 더 미묘한 문화적 가치관의 형태일 때도 있다. 그것은 종종 매우 견고하게 느껴진다.

그래서 당신이 만약 그 일원으로 속해 있다면, 뭔가 더 큰 목적을 함께 이뤄가고 있다는 소속감('안에 속해 있다'는 확신)이 들게 된다.

교회 안의 이런 사고방식에는 적어도 네 가지 중대한 문제가 있다.

첫째, 우리가 반대하는 것에 의해 우리의 정체성이 결정된다는 것은, 우리가 주체가 되어 방향을 결정하는 것이 아니라 우리의 방향이 우리에게 명령한다는 것을 의미한다. 하나님의 사명을 향해 흔들림 없이 정진하는 것이 아니라, 우리는 끊임없이 작용에 대한 반작용을 보일 뿐이고, 우리의 다음 발걸음은 이미 결정된 대로 따라가게 될 뿐이다.

둘째, 이런 사고방식에 머물러 있을 때 우리는 끊임없이 적을 찾게 된다. 처음부터 의심하고 배척하게 된다. 교회가 병자에게 병원이 되어주고 어두운 곳에 밝은 빛이 되어주는 대신에, '여자아이 출입 금지'라는 깃발을 걸어 놓고 고난이도의 이중 암호를 대야 하는 어린 소년들의 나무집을 닮아가게 된다. 교회는 "원수를 사랑하라"는 예수님의 가르침을 인정하면서도, 원수에게서 멀찍이 떨어져서 저주하는 기도와 공격적인 전도로 '사랑'하기를 더 선호한다.

셋째, 이런 식의 연합은 깊이가 얕고 지속 기간이 짧다. 그것은 열정을 공유한 것뿐이다. 그러니 위협이 사라지거나 문화가 변하면 어떻게 될까? 우리는 새로이 반대할 문제나 집단을 찾아야 한다. 만약 내가 마음을 바꾸거나 입장을 완화한다면 어떻게 될까? 갑자기 나는 아웃사이더가 된다. 비판의 대상, 동정의 대상이 되는 것이다.

넷째, 이것이 가장 중요한데, 이런 연합은 성경이 우리에게 함께 하자고 초청하는, 교회 안에서 그리스도인의 연합이 전혀 아니다. 그리스도인의 진정한 연합은 한 개인의 전인격과 신자들의 공동체 전체에 관한 것이다. 한 가지 문제 혹은 하나의 집단에 관한 것이 아니다. 그리스도를 위하는 (그리고 그리스도께서 우리를 위하시는) 데에 중심을 둔 긍정적인 연합이지, 특정 대상을 반대함에 초점을 맞춘 부정적인 연합이 아니다. 이 연합은 복잡하고 광범위하며 포용적이다. 왜냐하면 이것은 성령님께서 복음 사역을 통하여 신자들의 몸 안에서 이루시는 기적이기 때문이다.

성경적 연합의 아름다움과 소속감

어디에서 소속감을 느끼는지보다는 어디에서 소속감을 느끼지 않는지를 판단하기가 훨씬 쉽다. 우리는 친목 뒤에 분열을 숨기는 교회, 예수님이 아니라 명분이나 이슈를 중심으로 모이는 교회에서는 소속감을 느끼지 못한다. 공개적으로 싸우는 교회에서도 소속감을 느끼지 못한다. 예수 그리스도의 복음을 뒷전으로 미루는 교회에서도 소속감을 느끼지 못한다. 진정한 소속감을 느끼는 곳을 결정하기란 그리 쉽지 않다. 교회의 참된 연합은 어떤 모습일까? 분별이 필요한 모든 복잡한 상황에서 늘 그렇듯, 성경이야말로 우리가 돌아갈 최고의 장소다.

그리스도의 마음

연합을 도모하는 모든 시도에는 어떤 중심점이 있게 마련이다. 어떤 스포츠팀을 좋아해서, 어떤 정치 후보자를 싫어해서, 어떤 명분을 향한 열정 때문에, 어떤 취미나 활동을 즐거워해서, 혹은 서로를 향한 애정 때문에 우리는 연합한다.

그런데 모든 경우에 연합은 일시적이고 불안정하다. 사람들을 하나로 묶어주는 중심점이 서로 간의 차이를 극복할 만큼 강하지 않거나, 변화의 무게를 감당하지 못하거나, 아니면 그저 시간이 흐르면서 시들해지기 때문이다.

교회는 예수 그리스도를 중심으로 연합하도록 부름을 받았다. 우리는 예수님을 통해, 예수님에 의해, 그리고 예수님을 위해 하나로 묶인다. 그리고 예수님 안에서의 그 끈끈함은 우리의 애정, 우리의 명분, 우리의 사명을 형성하고 인도한다.

빌립보서 2장 2-5절은 이렇게 말한다.

"마음을 같이하여 같은 사랑을 가지고 뜻을 합하며 한마음을 품어 아무 일에든지 다툼이나 허영으로 하지 말고 오직 겸손한 마음으로 각각 자기보다 남을 낫게 여기고 각각 자기 일을 돌볼뿐더러 또한 각각 다른 사람들의 일을 돌보아 나의 기쁨을 충만하게 하라 너희 안에 이 마음을 품으라 곧 그리스도 예수의 마음이니."

여기서 두 가지 문구가 진정한 연합을 설명하는 데 도움이 된다. "한마음"과 "너희 안에 이 마음을 품으라 곧 그리스도 예수의 마음이니"다. 첫 번째 문구만 있었다면 성경이 **한 가지 의견으로 통일하라, 모든 일에 동의하라, 누구나 하는 것처럼 생각하라**라고 말하는 것처럼 생각하기 쉬울 것이다. 그것은 마치 이단에서 세뇌하는 것처럼 들린다. 하지만 두 번째 문구가 우리의 이해를 확장한다. 우리는 그리스도 예수 안에서 찾아낼 수 있는 그 마음을 가져야 한다. 이는 훨씬 더 희망적으로 들리긴 한다. 그런데 정확히 무슨 뜻일까?

위의 구절에는 그리스도 안에서의 연합이 서로에게 예수님을 비추고 있다는 의미가 들어있다. "너희 안에 이 마음을 품으라"라는 바울의 말은 "하나님과 동등 됨을 취할 것으로 여기지 아니하시고 오히려 자기를 비워 종의 형체를 가지"(빌 2:6-7)셨던 분의 마음을 가리킨다. 그리스도인의 연합은 그리스도를 닮아가려는 우리 마음의 변화에서 시작되며, 그 변화의 증거는 특히 겸손한 태도와 서로를 섬기는 행동에서 나타날 것이다.

그렇다면 어떻게 그리스도의 이 마음을 얻을 수 있을까? 많은 종교가 신도들에게 더 높은 의식 수준이나 어느 정도의 도덕적 선함을 얻기 위해 고군분투하라고 요구한다. 아니면 어떤 수준의 배움의 경지에 오를 것을 요구한다. 그래야 그 종교가 제시하는 진정한 깊이와 경이로움을 발견할 수 있다고 말이다.

그러나 고린도전서 2장 16절은 단도직입적으로 말한다. "우리가 그리스도의 마음을 가졌느니라." 당신이 예수님의 제자, 곧 복음을 믿는 신자라면, **당신은 이미 그리스도의 마음을 가졌다.**

우리는 자신의 노력을 통해 더 높은 차원의 사고나 의식 수준을 얻어내는 것이 아니다. 우리는 이미 하나님의 마음을 속속들이 알고 계신 하나님의 영을 가졌다(고전 2:10-12). 그 영은 예수님께서 우리에게 조력자, 인도자를 보내어 하나님의 말씀을 선포하게 하시겠다고 약속하신 바로 그 성령님이시다.

만약 당신이 그리스도인이라면, 성령님이라는 위격으로 그리스도께서 당신 안에 내주하신다. 만약 당신이 그리스도인이라면, 당신은 그분의 구원과 나라에 감싸여서 영원토록 그분과 연합된 채 그리스도 안에 있다. 그러므로 당신은 그리스도의 마음을 가졌다. 세계의 다른 모든 그리스도인이 그러하듯이 말이다. 그리스도와 그분의 영 안에서, 당신과 당신 교회의 모든 성도는 진정으로 연합된 몸이 되어야 하고 하나님의 가족이 되어야 한다.

그리스도를 닮은 삶

하나님께서 그분의 말씀을 통해 우리에게 말씀하시는 방법에 있어서, 가장 좋은 (그리고 때로는 가장 당혹스러운) 것 중 하나는, 하나님께서 그 말씀의 적용을 절대적으로 분명하게 밝히셔서 우리가 **빠져나갈** 수 없게 만드신다는 것이다. 성경이 우리가 방금 보았던 것과 같은 장엄하고 광대한 진리를 펼쳐놓을 때, 성경은 늘 우리가 그 현실 속에서 어떻게 살아야 하는지까지도 보여준다. 하나님은 우리의 마음을 한껏 부풀어 오르게 하신 후에 우리를 길 잃은 채로 내버려 두시는 분이 아니다. 하나님은 실제 그리스도의 마음을 가진 사람들로서 살아가는 놀라운 자유와 기쁨으로 우리를 초청하신다. 그런 초청 중 아주 분명한 것이 에베소서 4장 1-7절이다.

"그러므로 주 안에서 갇힌 내가 너희를 권하노니 너희가 부르심을 받은 일에 합당하게 행하여 모든 겸손과 온유로 하고 오래 참음으로 사랑 가운데서 서로 용납하고 평안의 매는 줄로 성령이 하나 되게 하신 것을 힘써 지키라 몸이 하나요 성령도 한 분이시니 이와 같이 너희가 부르심의 한 소망 안에서 부르심을 받았느니라 주도 한 분이시요 믿음도 하나요 세례도 하나요 하나님도 한 분이시니 곧 만유의 아버지시라 만유 위에 계시고 만유를 통일하시고 만유 가운데 계시도다 우리 각 사람에게 그리스도의 선물의 분량대로 은혜를 주셨나니."

바울은 우리를 통틀어서 "부르심을 받은 일에 합당하게 행하"라고 강권한다. 그가 언급한 부르심이 무엇일까? 에베소서 2장에서 그는 그리스도로 말미암은 새 생명의 기적을 말하고는 어떻게 그리스도 안에서 사람들 사이를 가로막던 벽이 허물어지고 하나가 되는지를 설명했다. 그래서 바울은 죄 가운데 죽었다가 예수 안에서 다시 살아난 것은 우리가 그리스도 안에 있는 모든 사람과 하나임을 의미하며 이것이 곧 우리의 부르심이요 새로운 삶의 방식이라고 말하고 있다.

겸손, 온유, 오래 참음, 그리고 사랑 안에서 서로 용납함은 그리스도를 닮은 삶의 표지이자 그리스도를 닮은 교회의 표지다. 그것들은 그 자체가 목적이 아니라 수단이다. 왜냐하면 우리는 "성령이 하나 되게 하신 것을 힘써 지켜"야 하기 때문이다. 그러므로 우리가 부르심을 받은 일에 합당하게 행하는 것은 성령님의 하나 되게 하심(그리스도 안에서의 연합)을 추구할 때 성취된다. 우리는 종종 그 표지에서 눈을 떼기 때문에, 바울은 우리가 기초와 본질을 잘 기억하도록 확실히 해둔다.

"몸이 하나요, 성령도 한 분이시니 … 주도 한 분이시요 믿음도 하나요 세례도 하나요 하나님도 한 분이시니 곧 만유의 아버지시라 만유 위에 계시고 만유를 통일하시고 만유 가운데 계시도다."

에베소서 4장 4-6절 말씀에서 바울이 그리는 그림이 얼마나 장엄하고 경이로운가! 우리는 그리스도로 인하여 하나이고 그리스도 안에서 하나다. 우리는 한 믿음을 공유한다. 한 하나님을 우리의 아버지로 모시기에 우리는 한 가족이다. 하나님은 만유를 통치하시고 만유를 지탱하시는 분이다.

7절은 소망과 약속을 쏟아냄으로 끝난다. "우리 각 사람에게 그리스도의 선물의 분량대로 은혜를 주셨나니." 우리는 자기의 능력과 인내로 이 부르심을 살아내는 것이 아니다. 우리는 능력이 없다. 대신, 우리는 은혜의 선물을 받는다. 그런데 그저 조금이 아니다. "그리스도의 선물의 분량대로"다. 측량할 수 없고 끝을 알 수 없다. 하나님은 그리스도 안에서 하나 되라고 우리를 부르셨다. 그리고 부르심의 목적에 순종할 때 한없는 은혜를 주겠다고 약속하셨다. 하나님은 **진실로** 그분의 교회가 하나 되기를, 우리가 그곳에서 소속감을 찾기를 원하신다.

사랑의 연합

골로새서 3장 13-14절은 "누가 누구에게 불만이 있거든 서로 용납하여 피차 용서하되 주께서 너희를 용서하신 것 같이 너희도 그리하고 이 모든 것 위에 사랑을 더하라 이는 온전하게 매는 띠니라"라고 말하면서 우리가 하나 되어 살아야 한다고 말한다. 이것은 "이 모든 것 위에"라는 짧은 문구가 나오기 전까지는 에베소서 4장과 놀랍도록 비슷하다. 성경의 저자가 저렇게 강조를 추가할 때 우리는 눈여겨보아야 한다. 바울은 지금 가장 중요한 것, 다른 모든 명령을 하나로 붙잡아주는 것을 말하고 있다. 바로 사랑이다.

우리는 팀의 유니폼을 입듯이 사랑을 옷 입어야 한다. 앞서 요구된 다른 자질들은 전부 사랑에서 흘러나온다. 겸손과 온유와 용서에 사랑이 없다면 무엇인가? 빈 수레요, 새빨간 거짓말이요, 미완성에 불과하다. 하나 됨에 사랑이 없다면 무엇인가? 그건 불가능하다. 왜냐하면 오직 사랑만이 모든 것(우리도 포함이다)을 완벽한 조화 속에 하나로 묶어주기 때문이다.

그것뿐이 아니다. 사랑은 우리가 그리스도 안에 있음을 세상에 알린다. 요한복음 13장 35절은 "너희가 서로 사랑하면 이로써 모든 사람이 너희가 내 제자인 줄 알리라"라고 말한다. 우리가 그리스도의 것임을 보여주는 것은, 우리의 교리도, 우리의 사명도, 우리의 명분도, 심지어 교회 밖 사람들을 향한 우리의 사랑도 아니다. 그것은 우리의 **서로를 향한 사랑**이다. 이는 그리스도인의 진정한 연합이다.

연합하여 살아가기

당신과 내게는 이런 연합이 필요하고, 우리는 이에 헌신해야 한다. 이런 연합은 값싸게 이루어진 것이 아니다. 예수님은 자기 목숨을 내어놓으셔서 우리가 그분의 가족이 되고 그분 안에서 한 몸이 될 수 있게 하셨다. 예수님은 우리에게 서로 사랑하라고 요구하셨는데, 이는 세상이 그분의 백성 안에서 소속감을 찾도록 하기 위해서다.

연합은 쉽게 이루어지지 않는다. 교회를 둘러보라. 이렇게 아름다운 연합은 드물다. 참으로 기적이다. 하지만 가능하다. 하나님의 은혜에 의하여 성령님의 능력 안에서 가능하다. 우리 스스로를 헌신해서 이룰 일로 여기지 말라. **그리스도**께서 이미 헌신하신 일이고 우리는 거기에 **동참**하는 것이다.

그분은 교회를 사랑하시고, 당신이 교회의 일원이 되기를 간절히 바라신다. 단순히 얼굴만 내미는 정도가 아니라 진정으로 소속되기를 원하신다. 그리고 진리와 사랑과 안전과 긍휼과 인내와 용서로 그 소속감을 세상에 제공하기를 원하신다.

이 장엄한 현실의 묘사는 평화의 장면을 그리는 일이지만, 신자들 간의 연합은 절대적인 고요함이 아니다. 그리스도인의 연합은 기독교 유토피아가 아니다. 예수님께서 "화평하게 하는 자는 복이 있나니 그들이 하나님의 아들이라 일컬음을 받을 것임이요"(마 5:9)라고 말씀하신 이유는, 평화란 저절로 이뤄지는 게 아니기 때문이다. 우리는 평화를 만들고, 싸워서 쟁취하고, 방어하고, 마치 우리의 목숨이 걸려 있는 듯이 붙잡아야 한다. 사탄은 우리 사이에 틈을 내기 위해 온갖 수단을 동원할 것이다.

그러므로 교회를 화평케 하는 자들은 그런 분열에 대비하고 우리를 하나 되게 하는 모든 것을 굳건히 떠받치는 자들이다. 무엇보다도 이것은 예수 그리스도 및 그분 안에 형제자매 된 자들을 가장 소중히 여기는 것을 의미한다.

교회 안에서 정치, 교회 조직, 심지어 신학과 같이 아주 중요한 것에 대해 전혀 다른 관점을 가진 사람을 만났을 때, 우리는 어떻게 연합을 이루어야 할까?

우선, 그 사람도 그리스도 안에서 당신의 가족이라는 사실을 기억하면서 시작해야 한다. 그리스도께서 당신을 위해 하신 모든 일을, 그리스도께서 그 사람을 위해서도 하셨다. 복음의 실체는 너무나 경이로워서 견해나 선호나 해석의 제단에서 희생될 수 없다는 사실을 기억할 때 연합은 안전하게 보호받는다. 그래서 우리는 우리의 형제를 하나님의 자녀로 바라보고 그를 최대한 좋게 가정해야 한다. 자기 목숨을 다해 예수님을 예배하려고 애쓰는 경건한 성품을 가진 사람이라고 말이다.

여기서 시작할 때, 갈등의 골이 깊어질 여지가 없다. 어쩌면 의견 차이를 마음 한편에 접어둘 수도 있을 것이다. 결국 소셜 미디어가 주입하려는 것과는 달리, 우리는 말 한마디마다 꼬투리를 잡아서 말싸움에서 이겨야 할 필요는 없다.

만약, 선한 양심에 따라 의견 차이를 말해야 한다고 느낀다면, 경청과 선의의 마음가짐으로 대면하여 만나서 하라. 누군가가 당신을 직면할 때 해주길 바라는 방식대로 말이다. 그런데 교회 모임이 아닌, 좀 더 사적인 환경에서 해야 한다. 왜냐하면 둘은 서로의 다름에도 불구하고, 모두 같은 하나님을 예배하는 같은 몸의 일원이기 때문이다. 의견 차이가 반드시 분열은 아니다. 사실, 겸손하게 다루어진다면, 더 큰 신뢰와 연합으로 귀결될 수 있다.

교회 안의 누군가가 당신에게 상처를 줄 때, 그 사람과 연합되기를 원하기란 쉽지 않다. 하지만 그 사람도 역시 그리스도 안에서 당신의 가족이고, 그리스도는 무엇보다 중요하다. 그러므로 고통을 무시하거나, 고통이 없는 체하거나, 상처가 곪아 터지게 만들지 말고, 깨끗이 치료하려고 애쓰라.

만약 그러지 않으면, 당신에게 행해진 그 잘못은 점점 더 세력을 키우고 교회의 연합도 위협받는 지경에 이른다. 표현되지 않은 상처는 결국 감염된다. 그 감염은 퍼져나가서 몸의 나머지 부분에도 영향을 끼치기 시작한다. 정직과 겸손과 존중의 태도로 그 사람에게 다가가서 모욕이나 비난 없이 당신의 상처를 말하라.

그렇게 함으로써 당신은 성령님께서 그 사람 안에서 역사하셔서 그 사람의 눈을 밝히실 (그리고 필요하다면, 성령님께서 당신 안에서 역사하셔서 당신의 눈도 밝히실) 기회를 주는 것이다. 이런 일이 있을 때, 진정한 회복과 치유가 일어난다. 그래서 몸이 하나 되고, 이전보다 훨씬 더 강해진다.

연합을 위해 싸우고 힘써 지켜야 한다는 개념이 소속감과 어울리지 않는 것처럼 들릴 수 있다. 하지만 그것은 그리스도 안에서의 연합이 정말로 아름답고 소중하다는 것을 보여준다. 우리는 우리가 사랑하는 것을 위해 싸우고, 하나님의 가족으로 서로 사랑한다. 교회가 그리스도 안에서 소속감을 누리는 장소가 되도록 평화를 유지하고 키우기 위해서 고군분투한다. 그리고 그 과정에서 함께 나아가며 더 깊은 연합으로 성장해 간다.

**실천
사항**

- 연합이 만장일치나 획일화를 뜻하는 게 아니라면 무엇을 의미할까? 성경적인 용어로 정의해 보라.

- 다른 사람들이 다투거나 분열하는 모습을 지적하기는 쉽다. 그러나 당신이 그렇게 연합을 방해하고 있지는 않은지 살펴보아야 한다. 서로 다른 사람들과 하나가 되기 위해 당신의 마음가짐과 태도를 어떻게 바꾸어야 할까?

- 연합은 자연스럽게 찾아오지 않는다. 특히 교회는 전혀 다른 죄인들의 모임이기 때문이다. 그러므로 우리는 연합을 위해 수고해야 한다. 투자해야 하고, 지켜야 한다. 당신이 하나 되기가 가장 어려운 사람을 떠올려보라. **복음적 연합**을 위해 힘써 싸울 기회가 여기 있다. 당신은 어떤 모습으로 그것을 이루어 갈까?

- 예수님의 제자들이 공유하는 신앙과 사랑과 열정을 묵상해 보라. 그것들은 우리가 다른 어떤 것에 대해 가진 견해나 입장보다 훨씬 더 깊고 풍성하며 중요하다. 이런 것들을 마음속 맨 앞에 두고, 그것들이 마음 깊이 뿌리내리기를 기도하라. 그것들이 교회를 하나 되게 하는 요소들이다.

토 론 가 이 드

❶ 빌립보서 2장 2-7절을 읽어 보라. 2-5절에 나온 바울의 명령들에 대해 예수님은 어떻게 본을 보이셨는가? 우리는 어떻게 본을 보여야 할까?

❷ 에베소서 4장 1-7절을 읽어 보라. 4-7절의 진술이 1-3절에 묘사된 실천으로 이어져야 하는 이유는 무엇인가?

❸ 교회에서 발생할 수 있는 의견충돌이나 갈등을 떠올려보라. 에베소서 4장 1-7절은 그냥 두어야 할 것과 다루어져야 할 것을 어떻게 분별해야 한다고 가르쳐주는가? 이 구절은 갈등과 충돌과 상처를 해결하는 방법에 대해 무엇을 가르쳐주는가?

❹ 저자는 우리가 이미 그리스도의 마음을 가졌다고, 하나님의 은혜가 우리를 순종할 수 있게 해준다고 말한다. 또한 연합을 힘써 지켜야 한다고 말한다. 우리가 그리스도 안에서 주어진 것들을 알고 있는 것이 어떻게 연합을 위해 싸우는 데 동기부여가 되고 도움이 될까?

❺ 골로새서 3장 12-14절을 읽어 보라. '사랑'을 통한 연합이란 어떤 모습인지, 그것이 '친절함'과 '반대함'의 연합과는 어떻게 다른지 토론해 보라.

❻ 당신의 교회는 어떤 점에서 '친절함'의 연합이나 '반대함'의 연합으로 변질될 위험이 있을까? 어떤 상황이 저런 연합으로 이어질지, 어떻게 해야 교회의 연합이 거짓 연합 위에 세워지지 않을지 등을 구체적으로 나누어보라.

소속되지 못한 느낌이 들 때, 어떻게 해야 할까?
교회가 나를 실망시킬 때, 어떻게 해야 할까?
교인들이 나에게 상처를 줄 때, 어떻게 해야 할까?

실천 사항
토론 가이드

5

이럴 땐
어떻게 해야 할까

이럴 땐 어떻게 해야 할까

나는 어릴 적에 '캘빈 앤 홉스'(Calvin and Hobbes, 빌 와터슨이 창작한 만화 시리즈로 1985년부터 1995년까지 신문에 연재되었다—옮긴이) 만화에 푹 빠졌고, 그 즐거움은 30여 년이 지나도록 사그라들 줄 몰랐다. 한 작품에서, 캘빈은 비행기 모델을 만든다는 생각에 매우 신이 나 있다. 위풍당당한 전투기를 상상하고는 그 아름다움에 황홀해한다. 그는 날렵한 디자인과 위협적인 무기를 떠올리고는 조바심을 내며 작품이 완성되기를 기다린다. 물론, 실제로 비행기를 만드는 과정은 엉망으로 흘러간다. (여섯 살짜리가 설명서를 나라가며 섬세한 작업을 한다고 할 때 충분히 예상되는 일이다.) 결국 그가 만든 작품은 마치 프랑켄슈타인 괴물이 피카소 그림을 만난 듯 접착제가 흘러내리는 기묘한 기계가 되고 만다. 말할 것도 없이, 그의 기분이 안 좋아진다.

교회에 대한 우리의 경험도 이와 같을 때가 많다. 우리는 아름답고 날렵하며 위풍당당한 교회를 상상한다. 교회는 멋질 거라고, 우리는 쉽게 적응해 갈 거라고, 우리에게 딱 맞는 곳일 거라고, 비전을 품는다.

그런데 오히려 불쾌하고 비효율적인 면이나 기대에 못 미치는 면을 발견하게 된다. 교회의 현실은 종종 우리의 비전에 미치지 못한다. 그래서 우리에게 '어떤 면에서 실패할 수밖에 없는 교회에 소속된다는 것이 무엇을 의미하는가?'라는 까다롭고 복잡한 문제를 남긴다.

이번 장에서 나는 이 질문에 답을 해보려고 한다. 교회에서 마주치는 좌절을 세 가지 범주로 나누어서 살펴볼 것이다. 첫째는 소속되지 못한 느낌, 둘째는 교회에 대한 실망, 셋째는 교회에서의 상처다. 앞의 두 가지는 우리가 예외 없이 경험하게 되는 것이고, 슬프게도 세 번째 역시 꽤 흔하다. 그러니 당신에게 가장 적절한 범주부터 먼저 읽기 시작해도 좋다.

소속되지 못한 느낌이 들 때, 어떻게 해야 할까?

이 책에서 나는 교회에서의 소속감을 성경 속 정의와 관점으로 설명하려 했다. 교회에 '소속된다'는 것의 의미는 단순한 안정감이나 동질감보다 훨씬 더 깊고 본질적인 것이다. 그래서 위 질문은 내가 설명하려 했던 정의와 이해에도 적용된다. 위 질문이 전제하는 것은, 교회는 하나님께서 당신이 소속되도록 의도하신 장소이고, 당신은 그 가족의 일원이자, 그 몸의 일부이자, 그 구조의 일부라는 것이다. 그러므로 당신은 더 깊고 본질적인 기준에 맞추어 교회 및 자신을 제대로 평가할 수 있어야 한다.

"이 교회에는 그리스도의 향기가 있는가?"

오랜 세월 동안, 나는 여러 교회에 출석했고 등록도 했었다. 그런데 그 교회에 소속되지 못한 느낌을 받았었다. 편하지가 않았다. 뭔가 이상했다. 당신도 비슷한 경험이 있을 것이다. 나는 본능적으로 좋은 교회가 갖추어야 할 항목을 이 교회가 갖추었는지 훑어보았다. 성경적인 설교인가? 교리적 입장이 견고한가? 의미 있고 성경적인 음악인가? 공동체를 경험할 기회가 열려있는가? 대개의 교회는 모든 항목을 갖추고 있었다. (그렇지 않았다면 내가 아예 처음부터 그 교회에 발을 들여놓지 않았을 것이다.) 그런데도 무언가 빠져 있는 느낌이었다.

여러 해 동안 나는 '그것'이 무엇인지 뚜렷하게 규정할 수 없었다. 그것은 교회의 건강을 측정하는 도구였다. 나는 내가 느끼는 통증을 통해 교회의 건강에 이상이 있음을 알아챘다. 그렇다고 그것이 내 눈에 보이는 것은 아니었다.

그러다가 마침내 그것이 '교회의 문화'라는 것을 깨달았다. **그리스도의 향기**(고후 2:15-16), 그것이 빠져 있었다. 교회가, 특히 리더들이 예수님의 환대를 공공연히 보여주고 있었는가? 겸손과 온유와 정직과 존중이 있었는가? 설교가 예수님의 사랑과 용서와 진심을 보고 느끼도록 도왔는가? 아니면 오히려 율법과 죄책감의 짐을 지웠는가? 예배 전체가 예수님을 경배하고 찬양하며 경외하고 기뻐하는 데에 초점을 맞추고 있었는가? 프로그램이 매끄럽게 진행되고 교육 내용이 탄탄하고 신뢰할 만하다 해도, 교회가 예수님의 마음과 태도를 흘려보내지 않는다면, 무언가 빠져 있는 것이다.

요한계시록 2장에서 우리는 예수님이 일곱 교회 중 첫 번째 교회인 에베소교회에 쓴 편지를 읽는다. 예수님은 그들의 선행과 진리에의 충성과 인내를 칭찬하신다. 그러고는 "너의 처음 사랑을 버렸느니라"(2:4)라고 책망하신다. 이 교회는 '건강한 교회' 항목을 충족시키고 있었다. 교리가 건전했고, 노력도 있었다. 하지만 사실상 그들은 전혀 건강하지 않았다. 왜냐하면 그리스도 안에 있는 생명과 열정이 없었기 때문이다. 그들의 선행과 진리에의 충성은 예수님께서 가장 중요하게 여기시는 무언가를 놓치고 있었다. 예수님이 보이신 사랑에 대한 반응, 곧 예수님을 향한 사랑을 말이다. 만약 당신이 그 교회에 소속되지 못한 것처럼 느낀다면, 겉으로는 건강한 교회인 것처럼 보이는 그 교회가 사실은 무언가를 놓치고 있을지 모른다. 바로 그리스도의 사랑과 향기를 말이다.

셀프 점검

자, 당신이 교회에 소속감을 느끼지 못한다면, 교회가 매우 중요한 무언가를 놓치고 있기 때문일 수도 있지만, 당신이 무언가를 혹은 무언가에 대한 기회를 놓치고 있기 때문일 수도 있다. 앞서 살펴보았듯이, 성경적인 소속감은 투자와 헌신을 요구한다. 그런데 당신은 그에 걸맞은 분량을 감당하고 있는가? 최선을 다해 교회를 섬기고 있는가?

이 문제는 사람과 상황마다 매우 다를 것이다. 우리 교회에 찾아온 사람들은 지치고, 상하고, 냉소적이고, 겁먹은 사람들이다. 나머지는 단순히 기독교 신앙이 처음인 사람들이다. 그들이 교회에 줄 수 있는 것은 건강하고, 생기 넘치고, 활력 있고, 믿음이 성숙한 사람들이 줄 수 있는 것과는 사뭇 다르다. 첫 번째 그룹의 사람들이 교회에 줄 수 있는 것은 그저 예배에 빠지지 않는 것, 잘 경청하는 것, 솔직해질 때의 위험을 기꺼이 감당하는 것, 그리고 질문하는 것이다. 두 번째 그룹은 기쁘게, 거리낌 없이, 온 힘을 다해, 자기의 전부를 교회에 줄 수 있다. 당신이 첫 번째 그룹에 가깝건, 두 번째 그룹에 가깝건, 아니면 중간 어딘가에 있건, 일단 자기 위치를 확인하라. 그런 교회에 소속되고 싶다면 당신이 할 수 있는 최선을 다하라.

3장에서 살펴본 "서로 ○○하라"의 성경의 명령들은 쌍방적이다. (서로 사랑하라, 서로 덕을 세우라, 서로 용납하라, 서로 용서하라, 서로 종노릇하라, 서로 우애하라, 서로 기도하라, 서로 가르치라, 서로 마음을 같이하라, 서로 복종하라, 서로 존경하라, 서로 환대하라, 서로 위로하라, 서로 권면하라.) 받는 것만 기대하고 주고 싶어 하지 않는다면, 혹은 얻는 것보다 주는 게 더 많은 것처럼 느껴져서 챙길 것은 챙기고 더 적게 돌려준다면, 당신은 진정한 소속감을 누릴 수 없다. 당신이 만약 교회에 소속되지 못한 것처럼 느낀다면, 이는 당신이 위 명령 중 한 개 이상을 거부하면서 거리감을 만들고 있기 때문이다.

<u>스스로 점검해 볼 수 있는 매우 실제적이면서도 도전적인 영역이 바로 시간이다.</u> 당신은 교회에 충분한 시간을 내어주었는가? 우리의 첫인상은 부정확할 때가 많다. 사람에 대해서도, 교회에 대해서도 그렇다. 우리는 우울한 날이나 좀 특별한 시기에 교회의 첫인상을 갖게 되기도 한다.

얼마 전에 나는 우리 교회의 첫인상이 헌금과 돈에 매우 집중하는 교회였다고 말하는 사람과 대화한 적이 있다. 그는 그 점이 참 별로였다고 했다. 이거 참, 그가 처음 방문했던 때는 일시적으로 재정 캠페인을 하던 시기였는데, 사실인즉, 우리는 당시에 헌금과 돈에 대해 많이 언급했었다. 그래서 우리 교회가 그것보다는 훨씬 더 좋은 교회라는 것을 그가 깨닫기까지는 시간이 걸렸다. (감사하게도 그는 인내심이 많은 사람이었다.) 한 인물이 진실로 좋은 성품을 가졌는지를 아는 데에 시간이 걸리는 것처럼, 한 교회가 진실로 좋은 문화와 성격을 가졌는지를 아는 데에도 시간이 걸린다.

셀프 점검의 마지막 질문은 선호와 취향을 타협 불가능한 것으로 여기는지다. 우리는 자기의 선호에 맞는지 안 맞는지로 '좋은'

교회인지 '건강한' 교회인지를 판단하기 쉽다. 음악, 설교 스타일, 소그룹, 주일 학교 수업, 어린이 프로그램 등에 대해 선호를 갖는 건 괜찮다. 문제는 자기의 선호를 올바른 교회의 기준으로 삼는 것이다. 당신의 선호가 그리스도의 향기를 대체하거나 정의할 수 없다. 그러므로 선호가 불가피하게 교회를 결정하는 데에 영향을 미치기는 하지만 그것이 비판이나 폄훼로 이어지도록 내버려두어서는 안 된다. 그렇게 되면 당신은 소속감을 느끼지 못하게 될 것이기 때문이다.

그런데 어떻게 해야 정확하고도 겸손하게 선호의 무게를 잴 수 있을까? 선호를 갖는 것은 불가피하다. 우리는 누구나 어떤 것을 다른 것에 비해 더 좋아한다. 하지만 교회에서 어떻게 더 선호하는 것에 영향을 받지 않은 채 결정을 내릴 수 있을까? 레스토랑에서 음식을 주문할 때는 좋아하는 것을 고르면 그만이다. 차에서 들을 음악이나 신을 신발을 고를 때도 마찬가지다.

하지만 교회는 상품과 서비스를 제공하는 곳이 아니다. 우리는 소비자가 아니다. 그러므로 우리는 전혀 다른 가치 체계로 우리의 선호를 평가해야 한다. 그것은 대개 옳고 그름으로 딱 잘라버리는 흑백논리가 아니다.

다음장에 몇 가지 질문이 있다. 선호하는 것에 영향을 받지 않은 채 결정하는 방법을 살필 때 묻게 되는 질문들이다.

1. 당신의 선호는 성경적인 우선순위를 반영하는가? 아니면 자기 잇속만 챙기는가?

우리는 어떤 사람들에게 우리 교회를 떠나 그들의 주거지에서 더 가까운 교회로 가라고 조언할 때가 있다. 그것이 더 편리해서가 아니라 (물론 그것도 사실이다) 그들이 자기 삶의 중심지에 있는 성경적 공동체에 투자하기를 원하기 때문이다. 동시에, 우리는 40분 이상 운전해 오는 사람들을 우리 교회의 식구로 받아들인다. 그들이 여기서 사랑하고 섬기도록 부르심을 받았다고 느끼기 때문이다. 더 (혹은 덜) 의식(儀式)적인 예배를 원하기 때문에 떠나는 사람들도 있다. 두 경우 다 주님 앞에 더욱 온전히 자기 마음을 표현하게 해주는 예배 형식을 추구한 결정이다. 모든 결정이 이기적인 이유에서 내려진 것일 수도 있겠지만, 내 생각엔, 모든 경우에 결정은 신중했고 기도의 결과였으며 겸손했다. 핵심은, 당신의 선호에 도전장을 내밀어야 한다는 것이다.

2. 당신의 선호는 두려움, 통제 욕구, 닫힌 마음의 표현인가?

우리는 선호의 문제에 도덕적인 꼬리표를 붙이기가 너무 쉽다. (식기세척기에 그릇을 넣는 게 얼마나 '옳은' 일인지를 내가 얼마나 강하게 느끼는지, 내 아이들에게 물어보라!) 선호의 문제에 도덕적인 꼬리표를 붙이고 있다면, 그것은 우리의 마음과 삶에 도전받아야 할 무언가가 있다는 사실을 드러낸다. 우리가 변화를 두려워한다는 것, 우리 뜻대로 일이 진행

되기를 원한다는 것, 아니면 그저 새로운 (그리고 어쩌면 더 나은) 일 처리 방식에 무지하다는 것 등을 말이다. 그래서 우리는 선호의 문제에 도덕의 깃발을 꽂고 그것을 편들기 시작한다. 심지어 전쟁을 벌이기도 한다. 우리의 선호가 '옳다'고 강하게 느끼면서도 성경적 관점으로 이유를 분명하게 설명하지 못하고 대안적 관점에 겸손히 귀 기울이지 못한다면, 그렇다면 우리는 선호로부터 우상을 만들고 있을 가능성이 크다.

3. 교회의 연합을 위해 당신의 선호를 내려놓을 수 있는가?

우리 모두가 자기 선호를 위해 목숨을 걸면, 연합은 결코 이뤄질 수 없다. 그러므로 우리는 자기의 선호를 내려놓고 "자기보다 남을 낮게 여길"(빌 2:3) 수 있는지를 스스로에게 물어야 한다. 그럴 수 없다고 답한다면, 우리는 위 두 질문을 다시 찾아가야 한다. 그것이 하나님을 경외하는 성경적인 선호인가? 아니면 내 마음이 우상에게 끌리고 있는 것인가? 이 질문에 대한 답이 각각 '그렇다'와 '아니오'라면, 그 선호는 교회를 떠날지 말지를 결정하는 기준이 된다. 하지만 당신이 내려놓을 수 있다면, 당신은 몸의 연합에 더욱 크게 이바지하는 것이다.

그 교회에 그리스도의 향기가 없다면 어떻게 해야 할까?

교회에 예수님을 반영하는 문화가 없다는 것은 참으로 어렵고 비통한 깨달음이다. 그것이 없다면 당신은 대체 무엇을 위해 교회로 부름을 받았단 말인가?

거두절미하고 말하자면, 당신이 보기를 갈망하는 **그 문화가 돼라**. 겸손하라. 정직하라. 존중하라. 기뻐하라. 예수님은 자석처럼 끌리고 전염된다. 다른 성도들도 같은 문제로 마음 아파하고 있을 가능성이 크다. 당신이 본을 보이는 모습을 볼 때, 그들도 이 살아 있는 크리스천 공동체에 참여하고 싶어질 것이다. 그럼에도, 그들이 당신의 방법을 제대로 알아줄 거라고 기대하지는 말라. 그저 당신이 속한 문화에 그들을 초청하라. 하나님께서 신실하고 활기찬 그리스도인들을 사용하시어 어리석고 냉정하고 금욕주의적인 교회에 그리스도의 생명을 불어넣으실 것이다.

할 수 있는 한, 당신의 교회에서 복음 문화를 추구하고 살아내라. 끝까지 인내하기를 기도하라. 영적인 열매를 맺는 삶이 되기를 기도하라. 주님 안에서 힘을 얻고 즐거워하기를 기도하라.

그런데도 교회를 옮겨야 할 때가 올지 모른다. 그것은 죄가 아니며 실패도 아니다. 아무리 그렇게 느껴져도, 아니다. 그 교회에 쏟았던 겸손과 정직과 존중의 마음가짐을 유지한 채 떠나라. (이때의 정직이란 당신이 옮기는 이유에 대해 말할 때 비난조가 아니라 솔직담백하게 목사님과 대화하는 것을 의미한다.) 하나님께서 당신을 그 교회에 속하게 하심으로써 행하신 일에 감사하는 마음으로 떠나라.

당신의 떠남을 그저 슬프고 답답한 일로 여기지 말라. 당신은 하나님께서 그 몸을 통해 위대한 일을 하시리라는 소망을 품고 그곳에 자신을 준 것이다. 떠날 때도 기억하라. 그곳은 여전히 그리스도의 몸이다. 하나님께서 그곳 안에서 그리고 그곳을 통해서 계속해서 일하시기를 간절히 기도하라.

교회가 나를 실망시킬 때, 어떻게 해야 할까?

교회가 당신을 실망시킬 것이다. 의문의 여지가 없다. 당신이 현재 등록해 있는 교회 및 앞으로 등록할 교회를 포함해서 모든 교회가 당신을 실망시킬 것이다. 교회에서 실망하지 않는 방법은 애초에 아무것도 기대하지 않는 것이지만, 그런 경우라면 대체 왜 교회에 다니겠는가?

2장에서 살펴본 이미지를 떠올려보라. 성경은 교회를 묘사하기 위해 가족, 몸, 건물의 이미지를 사용한다. 가족은 마찰과 갈등을 겪는다. 상대적으로 건강한 가정도 그렇다. 건강한 가정은 갈등이 없는 가정이 아니라 불가피한 갈등을 잘 다루는 가정이다. 하지만 어떤 가정은 순전히 역기능적이거나 적대감으로 가득 차 있기도 하다. (당신의 교회가 이와 같다면, 교회에서 받은 상처를 다루는 다음 장이 당신에게 도움이 될 것 같다. 가족 같은 건강한 교회를 지혜롭게 찾게 될 것이다.)

몸은 아프게 된다. 관절이 아프거나 시리기도 한다. 또 근육이 늘어나거나 찢어지기도 하고 뼈가 부러지기도 한다. 알레르기 계절에는 컨디션이 나빠진다. 건강한 사람조차 두통을 앓을 때가 있고 목이 따끔거리기도 한다.

몸처럼 건물도 부서지고 부식된다. 배관이 새고, 모르타르(시멘트와 모래를 물로 반죽한 것. 벽돌 접착용—엮은이)가 바스러진다. 폭풍우가 지붕을 날려버린다. 모서리마다 먼지가 쌓인다. 건물이 붕괴하지 않으려면 꾸준한 유지보수가 필요하다.

교회는 죄인들의 연합체, 실패자들의 집단, 역기능자들의 모임이다. 물론 당신과 나도 포함이다. 그 결과, 우리는 서로를 실망하게 한다. 우리는 '이런 일이 일어날 때 어떻게 해야 할까'라는 문제에 직면한다.

우리는 본능적으로 우리를 '실망'하게 하는 그것이 우리를 망쳤다고 생각한다. 하지만 우리의 '기대'에 대해 점검해 보는 것이 더 낫다. 모든 실망은 충족되지 못한 기대 때문이다. 그러므로 교회가 우리를 실망하게 할 때 우리는 우리의 기대가 옳고 공정하며 성경적인지를 확신할 수 있어야 한다. 당신과 나는 그 죄인들, 실패자들, 역기능자들에 속해 있다. 따라서 우리의 기대가 완벽하게 충족될 수 없다는 추론에 이르는 것이 타당하다.

다음 세 가지 질문을 자문해 보라. 시간을 충분히 들여 곰곰이 생각해 보라.

1. 내가 교회에 대해 가진 기대를 구체적으로 진술할 수 있는가?

좌절과 실망은 기대와 소망보다 말로 표현하기가 더 쉽다. 그래서 바라는 것을 설명하기보다는 좋아하지 않는 것에 대해 불평하기가 더 쉽다. 여기에서 문제는 당신의 불평이 문제의 본질을 건드리지 못한다는 것이다. 예를 들어, 당신이 "소그룹이 어떻게 운영되어야 하는 건지 모르겠어요"라고 말했다면, 당신의 바람은 "이 교회에서 내가 의지할 수 있고 내 신앙을 세워줄 수 있는 소수의 친한 친구들을 사귀고 싶어요"라는 것이다. 당신이 교회에 대해 **기대하는** 것과 **원하는** 것을 분명하게 진술할 수 있어야 도움이 된다. 왜냐하면 기대를 실망 뒤에 숨겨 놓으면 그 문제를 해결할 수 없기 때문이다.

2. 나의 기대는 나의 선호에 이끌린 것인가, 성경적 가치에 이끌린 것인가?

우리는 이번 장의 앞부분에서 이것을 다루었다. 일단 당신이 기대하는 바를 명확하게 진술했다면, 다음으로는 그 기대를 성경으로 가져와서 성경이 말씀하는 바를 살펴보아야 한다. 성경은 어떤 것을 선호한다고 (예를 들어, 음악 스타일, 설교 길이, 프로그램 형식 등등) 밝히지 않는다. 하지만 그리스도인의 마음가짐, 참된 예배의 모습, 복음의 중심성, 성경의 근원적 속성 등을 말한다. 전통적인 찬송가가 현대식 음악 스타일보다 더 성경적인지 덜 성경적인지는 필수적인 이슈가 아니다. 오히려 열린 마음으로 기쁘게 예배하려는 마음가짐, 의견이 다른 사람들에게 보이는 겸손함이 대단히 중요한 성경적

이슈다. 성경이 우리의 선호를 뒤집어 놓지는 않겠지만, 우리의 마음은 변화시킬 것이다. 그리고 그 마음의 변화가 선호에 대한 집착을 바꾸어 놓을 것이다.

3. 나의 기대는 이기적인가, 이타적인가?

선호와 실망의 문제에 있어서 우리에게 필요한 가장 큰 마음의 변화는 이기심에서 이타심으로 옮겨가는 것이다. 우리는 본능적으로 자신을 가장 우선시한다. 우리는 이렇게 말한다. "내가 좋아하는 것은", "내가 선호하는 것은", "이게 나한텐 제일 유리한데." 그런데 그것은 연합의 적이다. 당신과 주변인들이 소속감을 갖는 데에 장애물이다. 교회의 일원이 된다는 것은, 몸의 유익을 위해 자기가 선호하는 것에 집착하지 않고, 몸의 연합을 위해 그게 최선이라면 기꺼이 자신의 선호를 내려놓는 것이다.

앞서 살펴보았듯이, 빌립보서 2장 3-4절은 "아무 일에든지 다툼이나 허영으로 하지 말고 오직 겸손한 마음으로 각각 자기보다 남을 낫게 여기고 각각 자기 일을 돌볼뿐더러 또한 각각 다른 사람들의 일을 돌보아 나의 기쁨을 충만하게 하라"라고 강권한다.

우리가 교회에 실망하고 좌절한다면, 먼저 우리 자신의 마음을 살펴야 한다. 몸을 위하여 자신의 뜻과 욕심을 내려놓을 것인가, 아니면 자신의 선호를 지키는 데 집착할 것인가?

당신이 신중하고 겸손하게 자신의 기대를 밝힐 수 있는 자리에서게 된다고 가정해 보자. 그 기대는 성경적이고, 당신은 최선을 다해 타인의 필요와 선호를 우선시하고 있으며, 연합을 간절히 원하고 있다.

하지만 교회(그들은 당신의 친한 교회 식구들이거나 리더들이다)는 계속해서 당신을 실망하게 하고, 당신이 동의하지 않는 방향으로 결정하고, 교회의 사명에 있어서 덜 중요하다고 여기는 영역에 투자한다.

이런 경우는 새로운 교회를 고려할 시점일 수 있다. 내가 바로 앞에 썼던 내용을 다시 읽어볼 것을 권한다. 지속적인 실망과 좌절로 인해 교회를 떠나는 것은 정말 지치고 슬퍼지는 일이지만, 결국 남아서 하나님의 사람들과 싸우고 비통한 마음을 갖게 되니 차라리 떠나는 게 낫다.

교인들이 나에게 상처를 줄 때, 어떻게 해야 할까?

교회를 가족처럼 여기고, 하나님의 사람들과 이어지고, 그들과 리더들에게 신뢰를 주고, 진정한 **소속감**을 누렸는데, 바로 그 사람들과 리더들로부터 상처받거나 배신당하는 것만큼 고통스러운 것도 없다. 이것은 실망과는 구별된다. 실망은 상황이 달랐기를, 갈등이 진정됐기를 바라는 것에서 비롯된다. 사람들이 잘못한 것이 없을 때도 그저 상황이 원하지 않는 방향으로 흘러갔을 때, 우리는 실망할 수 있다.

하지만 교회에서 사람들로부터 받는 상처는, 어떤 종류이건 우리가 잘못된 행동의 **희생자**일 때 발생한다. 실망이 상처처럼 느껴질 때가 많기 때문에 둘의 차이를 분별하는 것이 매우 중요하다.

우리는 자신의 감정을 도덕적 기준으로 쉽게 착각하는 시대를 살고 있다. 예를 들어, 당신이 나의 기분을 몹시 상하게 만든다면, 당신이 나에게 잘못을 행한 것이라고 여긴다. 그러나 이것은 성경이 잘못된 행동을 정의하는 방식과는 다르다.

그래서 앞에서 제시한 세 가지 필터 질문으로 상처와 실망을 점검하는 것이 중요하다. 실망도, 상처도, 잘못된 행동도 다 실제다. 만약 우리가 몸의 한 지체로서 그리스도 안에서 연합에 헌신하고 있다면, 우리는 각각의 상황에서 제대로 대처해야 한다.

교회에서 폭발적이고 분열적인 학대와 잘못이 발생하는 상황은 모두의 이목을 끄는 반면, 교회 안에서 받는 상처는 일반적으로 주목을 받지 못한다. 상처는 보통 교만, 이기심, 뒷담화, 다른 조용한 죄의 결과다. 대개 전체 성도에게는 알려지지 않는다. 소셜 미디어나 언론은 말할 것도 없다. 그런데 우리는 누구나 이런 종류의 상처를 경험한다. 교회가 죄인들의 몸이기 때문에 우리는 서로에게 죄를 짓고 상처를 주게 된다. 잘못된 행동의 피해자가 되기도 하고, 친한 그리스도인으로부터 상처를 받기도 한다.

그런데 교회**에 의해** 상처받는 것은 또 다른 상황이다. 더 비통하다(감사하게도 더 드물다). 교회에 의한 상처는 교회 안에 구조적이고 문화적인 붕괴가 있다는 뜻이다. 머리끝부터 발끝까지 복음 문화가 스며들지 못했다는 뜻이고, 리더들이 소극적이거나 참여하지 않고 있다는 뜻이다(행 20:28-31). 그것은 혹독함, 수동성, 모욕과 조롱, 적대감, 권력 남용, 잘못을 덮음 등의 결과로 이어질 수 있다. 많은 경우에 이것은 공개적으로 알려지는 위기나 논란보다 낮은 수준의 이슈다. 구성원들은 조용히 상처받는다. 화해하고 잘못을 바로잡을 방법은 없어 보인다. 그들(당신)은 아무 말 없이 상처를 짊어진 채 조용히 떠난다.

당신이 소속된 교회 때문에 상처받을 때, 어떻게 해야 할까?

사랑으로 진실을 말하라, 권력자에게도

그리스도께서 교회에 간절히 바라신 것은 겸손하게 타인을 섬기는 몸이 되는 것이지만, 겸손의 본을 보여야 할 리더들에게 권력의 역학이 작동될 때가 많다. 교회의 리더들은 권위를 가진 이들로서 전체 성도를 이끌라는 부르심을 받았다. 그러므로 그들의 잘못된 행동에 맞서는 것, 혹은 단순히 그들이 당신에게 어떻게 상처를 주었는지를 지적하는 것은 두려운 일일 수 있다. 영적인 권위자를 대면해서 "당신이 한 행동이 나에게 상처를 주었습니다"라고 말하는 것은 어렵다. 리더십 그룹 앞에 서서 "여러분이 이 교회를 이끄는 방식은 성경적이지 않다고 저는 믿습니다"라고 말하는 것은 두려울 수 있다.

하지만 우리는 그리스도 앞에서 정직하기로 결단했기에 꼭 필요할 때는 어렵더라도 진실을 말해야 한다. 서로를 존중하기로 한 헌신은 우리에게 그 방법을 알려준다. 에베소서 4장 15절에 사랑 안에서 참된 것을 하라고 말한다. 여기서 참된 것은 하나님의 말씀이고, 사랑은 그리스도의 마음이다. 이 구절은 잘못된 행동에 대해서는 분명하고 담대하게 말하되, 상대방을 존중하고 그들의 최선을 진심으로 바라는 마음으로 겸손하게 하라는 뜻이다.

이렇게 직면하려는 배후에는 회개와 화해를 간절히 바라는 마음이 있다. 당신은 개인과 공동체의 회복 및 예수님을 향한 신실함을 보기를 원한다. 그리고 이 일에는 양쪽의 겸손과 열린 마음이 요구된다. 우리는 모두 죄인이기에, 당신이 상황을 놓쳤을 가능성과 그것이 상처에 영향을 미쳤을 가능성을 기꺼이 인정해야 한다.

그런데 사람들이 자기 죄에 대해 완고할 때가 있기 때문에, 그들을 직면시키는 일은 당신에게 평판, 관계, 불편함 등의 대가를 요구할 수 있다. 그런데 성경의 진리 안에 굳건히 서서 잘못을 행하는 자들에게 사랑으로 진리를 제시하는 일은 언제나 옳다. 이로 인해 하나님께서 당신에게 미소를 지으신다.

교회에서 상처받았다고 해서 교회를 포기하지는 말라

만약 당신이 교회와 리더들의 잘못을 충성과 사랑으로 지적했는데 회개와 화해가 뒤따르지 않는다면, 그러면 그 교회를 떠나게 되기가 쉽다. 당신이 사랑하는 교회를 떠나는 일은 언제나 어렵다.

당신이 사랑했던 교회가 당신에게 등을 돌린 것 같아서 그곳을 떠나는 일은 잔혹하다. 게다가 다른 교회로 향하는 일은 정말 내키지 않는다. 배신감에서 오는 고통과 분노 때문에 또 다른 교회의 리더 그룹 및 성도를 신뢰하는 일은 거의 불가능해 보인다.

그럼에도 교회는 우리가 교회에서 마주친 상처를 치유할 수 있는 유일한 장소다. 얼핏 보기엔 말이 안 되는 것 같은데, 사실, 말이 안 된다. 타락한 세상 가운데 우리는 교회 안에서 쉽게 상처받지만, 그렇다고 교회를 버리는 것이 답은 아니다. 왜냐하면 타락한 세상에서 우리는 그리스도의 몸 된 공동체가 절실히 필요하기 때문이다. 세상의 그 어디에서도 상처를 치유하고, 은혜를 베풀며, 있는 모습 그대로 오라고 초대하고, 매일매일 곁에 머물며 함께하시는 예수님의 사랑과 동일한 공동체를 만날 수는 없다.

그러니 위험을 받아들이고 서두르려 하지 말라. 다른 교회를 찾아보라. 그리스도의 향기를 찾아보라. 정직과 존중과 안전을 시험해 보라. 성급할 필요는 없지만 그렇다고 멀어지지도 말라. 한 교회의 실패가 그리스도의 복음이나 계획의 실패는 아니다. 게다가 그것이 당신을 향한 그리스도의 마음을 대변하는 것도 아니다. 그리스도는 당신이 소속될 자리를 그분의 백성 가운데 분명히 마련해 두셨다.

실천 사항

- 겸손과 분별을 위해 기도하라. 교회에 대해 우리가 이해하고 느끼는 것들은 우리의 교만과 과거의 경험과 현재 상황에 대한 오해 등이 덧붙여진 것이다. 우리는 모두 성령님의 도우심이 필요하다.

- 뒷담화와 불평을 삼가라. 교회에 대해 불만족하거나 소속감을 느끼지 못할 때 다른 사람들에게 불평하기 쉽다. 부정적 성향과 불신은 곰팡이처럼 퍼진다. 불평을 나누기보다는 변화를 이끌 수 있는 사람들을 찾아가 겸손하고 솔직하게 이야기해 보라. 신뢰하는 친구들과 함께 기도하라. 하지만 험담이나 불평을 퍼트리지는 말라.

- 하나님께서 그리스도 안에서 당신을 용서하심과 같이 다른 사람들을 용서하라. 교회 안에서 상처받을 때, 용서하려 애쓰라. 용서하려 애쓴다고 해서 교회를 옮기면 안 된다거나 억지로 화해해야 한다는 뜻이 아니다. 결국 그것은 양쪽 모두의 노력이 필요하다. 하지만 마음속에 쓴 뿌리가 자리 잡지 않게 하라. 그것은 당신의 영혼을 병들게 할 것이고, 시간이 흐른 후에는 주변 사람들의 영혼까지 병들게 할 것이다.

토 론 가 이 드

❶ 교회에 소속감을 느끼지 못하게 (옮긴 그르건) 만드는 장애물은 무엇일까?

❷ 교회를 떠날만한 좋은 이유는 무엇인가? 나쁜 이유는 무엇인가?

❸ 요한계시록 2장 1-7절을 읽어 보라. 에베소교회의 문제는 무엇이었는가? 오늘날의 교회에서는 이것이 어떤 모습으로 나타난다고 생각하는가?

❹ 에베소교회의 미래에는 두 가지 가능성이 있었다. 그것은 무엇인가? 그것은 사랑이 결여된 교회의 모습으로 인해 좌절한 사람을 어떻게 격려할 수 있을까?

❺ 교회에 실망하는 것과 교회에 상처받는 것의 차이는 무엇인가? 우리의 반응은 어떻게 달라져야 하는가?

❻ 당신의 교회에는 누군가가 소속감을 느끼기 어렵게 만드는 것이 있는가? 그들을 위해 당신의 선호를 내려놓아야 한다면, 당신은 무엇을 할 수 있을까?

예수님은 '친구'를 어떻게 정의하실까?
예수님은 우정을 어떻게 보여주실까?
죄인들의 안식처

실천 사항
토론 가이드

6
죄인들의 친구이신 예수님처럼

죄인들의 친구이신
예수님처럼

나에겐 두 딸이 있다. 둘 다 밝고 의지가 강한 어린이들이다. 이것은 유전적 특성이라고 부르는 게 맞을 것이다. 그래서 우리가 말싸움을 시작하면 한바탕 전쟁이 치러진다. (현재로서는) 내가 권위자이고, (현재로서는) 내가 더 많이 배웠으며, (현재로서는) 내가 더 현명하고, (현재로서는) 내가 더 나이가 많기 때문에, 우리 애들로서는 참 원통하겠지만, 대개 내가 이 전쟁의 승자가 된다. 나는 적어도 한 번 이상 아이들이 이렇게 중얼거리는 소리를 들었다. "아빠는 왜 그렇게 **똑똑해요?**" 혹은 "으으, 아빠는 **항상 모든** 답을 알고 있어요." 슬그머니 자취를 감추며 아이들이 말했다. 그것은 일종의 모욕이지만, 실제로는, 정확하지는 않더라도, 꽤 높여주는 칭찬이다.

사람들이 예수님을 "세리와 죄인의 친구"(마 11:19; 눅 7:34)라고 불렸을 때도 이와 비슷했다. 물론 훨씬 더 무게감 있고 진실한 의미가 있긴 하다. 그들은 예수님을 모욕하고 비난하려는 의도였지만, 예수님의 정체성과 본성의 아름다운 면을 부지불식간에 칭송하고 있었다. 그들의 의도는 예수님을 무가치한 자들, 더러운 자들, 수치스러운 자들과 동일시하는 것이었다. 그런데 오히려 무가치한 자들, 더러운 자들, 수치스러운 자들에게 구원의 소망을 선포하고 말았다. 비난이 예수님의 가치를 낮춘 게 아니라 오히려 죄인들을 향한 예수님의 마음을 드러내고 말았다. 그것이 없다면 소속감의 소망도 없기 때문에, 당신과 나는 그토록 절실하게 그 예수님의 마음이 필요하다.

예수님은 '친구'를 어떻게 정의하실까?

예수님은 그분이 우리의 친구라는 사실을 우리가 의심 없이 받아들이기를 원하신다. 요한복음 15장 13-17절에서 이것을 명확히 밝히시는데, 그분이 우리의 친구이시고 우리가 그분의 친구라는 사실이 무슨 뜻인지를 좀 더 자세히 설명하신다.

"사람이 친구를 위하여 자기 목숨을 버리면 이보다 더 큰 사랑이 없나니 너희는 내가 명하는 대로 행하면 곧 나의 친구라 이제부터는 너희를 종이라 하지 아니하리니 종은 주인이 하는 것을 알지 못함이라 너희를 친구라 하였노니 내가 내 아버지께 들은 것을 다 너희에게 알게 하였음이라 너희가 나를 택한 것이 아니요 내가 너희를 택하여 세웠나니 이는 너희로 가서 열매를 맺게 하고 또 너희 열매가 항상 있게 하여 내 이름으로 아버지께 무엇을 구하든지 다 받게 하려 함이라 내가 이것을 너희에게 명함은 너희로 서로 사랑하게 하려 함이라."

예수님은 가장 진실되고 가장 사랑이 많은 친구는 자기 친구를 위하여 자기 목숨을 버리는 사람이라고 예수님이 선언하신다. 바로 그분이 직접 보여주신 위대한 사랑과 우정에 대한 선언이다. 그런데 잠시 멈추어 생각해 보라. 예수님이 누구를 위해 죽으셨는가? 죄인들, 자격 없는 자들, 영적으로 죽은 자들이다. 맞다. 그런데 여기서 예수님은 **자기 친구들**을 위해 목숨을 버리셨다고 말씀하신다. 그렇다면 예수님은 자신을 죄인들의 친구로 선포하신 것이다. 당신과 나와 같은 죄인들을 위한 최고의 친구, 가장 사랑이 많은 친구로 말이다.

이어서 예수님은 우리가 그분의 계명을 지키면 그분의 친구라고 말씀하신다. 얼핏 보기엔 이 조건이 초등학생 수준의 유치한 전략처럼 보인다. "매일 네 도시락의 절반을 내게 주면 우리는 친구가 될 수 있어"의 예수님 버전이라고 말이다.

하지만 예수님은 우정 관계에 진입하는 데 필요한 입장료나 채

워야 할 조건을 만들고 계신 것이 아니다.

예수님은 지금 그 계명의 본질이 무엇인지를 정의하고 계신다. 그것은 우리를 짓누르기 위한 괴로운 율법이나 우리가 뛰어넘어야 할 복잡한 기준이 아니다. 그분과 동행하라는 초청이고, 그분 곁에 가까이 머물라는 초청이며, 그분을 통해 참되고 영원한 생명의 길을 찾으라는 초청이다.

예수님과의 우정은 동료와의 우정이 아니다. 쌍방으로 주고받는 관계가 아니다. 우리는 예수님께 드릴 것이 **아무것도** 없다. 그분은 온 우주의 창조주요, 왕이요, 주인이다. 우리의 친구가 되어주신 것은 오직 그분의 자비와 친절 덕분이다.

그분의 계명은 자비로우신 왕, 거룩하신 하나님의 명령이다. 그러므로 그리스도의 계명을 지키는 것은 우리와 그분과의 우정이 겉으로 드러나는 가장 확실한 증거다.

예수님은 우리를 노예가 아닌 친구로 부르신다. 하나님의 아들이자 상속자이신 그분께서 우리에게 말씀과 소명과 약속을 주셨다. 그래서 우리는 맹목적으로 명령에 복종하거나 의무감으로 섬기지 않는다. 우리는 자녀이자 친구로서 하나님의 가족에 속한 삶을 살고 있다. 영광에 이를 것을 확신하며 위대하고 영원한 계획에 동참하고 있다.

마지막으로, 예수님은 우리를 부르셔서 친구로 삼아주셨다. 이는 우리가 **서로 사랑하게** 하기 위함이다. 예수님의 우정은 우리가 그저 받고 유익을 얻으면 그만인 것이 아니다. 그 우정은 **변화시키는 힘**이 있다. **서로에게 그리스도를 비추는 친구로** 우리를 변화시킨다. 예수님의 명령은 그저 그분 곁에 가까이 머물라고 주어진 것이 아니다. 예수님이 우리를 사랑하신 방법을 본받아 우리가 다른 사람을 사랑할 수 있도록 우리를 빚어간다.

예수님이 우리를 어떻게 사랑하셨는가? 친구를 위해 자기 목숨을 내어주심으로써다. 이렇듯, 예수님은 그분이 시작하신 그곳에서 끝마치신다. 그분은 사랑과 우정을 완전한 자기희생으로 정의하시고, 모든 제자와 친구들에게 자기를 따르라는 소명을 주신다.

예수님은 우정을 어떻게 보여주실까?

지금까지 우정을 나누는 가까운 친구들이나 당신의 삶에 가장 긍정적인 영향을 준 사람들을 떠올릴 때, 그들의 성품이나 관계에서 도드라지는 특징은 무엇일까? 감히 추측해 보자면, 다음 몇 가지가 될 것 같다.

- 그들은 신뢰하고 의지할 수 있다. 당신은 그들에게 당신을 맡길 수 있다.
- 그들은 정직하고 마음을 터놓는다. 감추는 것이 없고, 자기의 마음과 삶에 무슨 일이 일어나고 있는지를 잘 나눈다.

- 그들은 당신의 나눔을 잘 경청하고 지혜롭게 받아들인다.
- 그들은 재밌다. 당신이 평범한 관심사를 나누어도 그들은 당신의 경험에 대해 풍성한 이야기로 돌려준다.
- 그들은 당신과 함께, 당신은 그들과 함께, 도전을 극복했고 역경과 시련을 통과했다.
- 그들은 당신을 위해 기꺼이 희생하며 자기의 자원을 아낌없이 사용한다.
- 당신과 친밀해지고 친숙해졌기 때문에, 그들은 당신이 어떤지, 언제 상황이 좋지 않은지를 잘 안다.
- 당신을 위해서 필요하다면, 그들은 기꺼이 당신에게 어려운 말을 해준다.
- 그들은 당신이 가장 잘되기를 바란다. 기쁜 일은 함께 축하하고, 힘든 일은 함께 슬퍼한다.

이런 점들은 그리스도를 반영하는 특징이다. 선하고 아름답다. 하지만 그것조차도 예수님께서 우리와 같은 죄인들에게 우정을 보여주신 놀라운 방법에 비하면 빛을 잃는다. 당신은 예수님을 친구로 여겨본 적이 없을 수도 있고, 반대로, 다음 구절과 진술이 익숙할 수도 있지만, 익숙함이 지루함을 낳지 않게 하라. 다음을 읽으면서 예수님께서 어떻게 당신의 친구가 되어 주시는지 그 다양한 방법들을 하나하나 되새기며 감탄해 보라.

예수님은 우리 중의 하나가 되시기 위해 자기 영광을 내려놓으셨다(빌 2:6-8).

예수님은 하나님의 아들이자 만유의 주로서 하늘 보좌에 앉으셨다. 그분은 아무것도 필요치 않으시고 아무것도 부족하지 않으셨다. 하지만 "자기를 비워 종의 형체를 가지사 사람들과 같이 되셨고 사람의 모양으로 나타나사 자기를 낮추"(빌 2:7)셨다. 예수님은 스스로 기꺼이 자기를 낮추겠다는 의지가 있어야만 완성될 수 있는 구원 사역을 수행하셨다.

왜 그러셨을까? 우리를 사랑하시기 때문이다. 예수님은 우리로 "생명을 얻게 하고 더 풍성히 얻게 하려는"(요 10:10) 목적으로 오셨고, 이를 이루시려면 영광을 내려놓고 인간이 되셔야 했다. 예수님은 주저함이나 후회함 없이 그렇게 하셨다.

예수님은 우리를 위하여 자기 목숨을 버리셨다(요 15:13).

친구로서 자기 목숨보다 더 큰 것을 줄 수 있을까? 당신과 나라면, 친구나 사랑하는 사람을 구하기 위해 목숨을 바치는 용맹함을 떠올린다. 우리는 만약 그런 순간이 온다면 용감하게 제 할 일을 할 수 있게 되기를 바란다.

그런데 예수님은 그렇게 하신 게 아니다. 로마서 5장 7-8절은 "의인을 위하여 죽는 자가 쉽지 않고 선인을 위하여 용감히 죽는 자가 혹 있거니와 우리가 아직 죄인 되었을 때에 그리스도께서 우리를 위하여 죽으심으로 하나님께서 우리에 대한 자기의 사랑을 확증하셨느니라"라고 말한다. 예수님은 자기와 가까운 이들을 위해 죽으신 게 아니었다. 그분의 죽으심은 **우리가** 그분과 가까워질 수 있게 하기 위함이었다. 우리에게 친구의 자격이 있기 때문이 아니라 그분이 우리를 친구로 삼고자 하셨기 때문에 예수님은 자기 목숨을 버리셨다.

예수님은 그분의 영을 우리에게 주셨다(요 16:7, 13-14).
성경에서 가장 놀랄만한 문장을 찾는다면 예수님께서 "그러나 내가 너희에게 실상을 말하노니 내가 떠나가는 것이 너희에게 유익이라"라고 말씀하신 부분이다. 예수님은 지금 그분이 떠나서 아버지께로 가는 것이 제자들에게 더 유익할 것이라고 말씀하고 계시다. "얘야, 내가 곁에 없어야 더 좋단다"라니, 전혀 좋은 우정인 것 같지 않다.

그런데 예수님의 말씀을 끝까지 들어야 한다. "내가 떠나가지 아니하면 보혜사가 너희에게로 오시지 아니할 것이요 가면 내가 그를 너희에게로 보내리니." 예수님은 그분이 가시면 오히려 성령님이 **모든 믿는 자**에게 임재하실 것이라고 약속하신다. 예수님이 이 땅을 떠나시는 것이 우리에게 유익한 이유는, 예수님은 한 번에 한 장소에서 소수의 제자와 함께하시지만, 그분의 영이신 성령님은 영원토록 전 세계의 모든 제자 안에 거하시기 때문이다. 예수님은 영원토록 신실하게 임재하셔서 우정을 지키겠다고 약속하셨고, 우리에게 성령님을 주심으로써 그 약속을 지키셨다.

예수님은 우리를 그분께로 그리고 서로에게로 가까이 이끄셨다(엡 2:13-14).

에베소서 2장 12절은 우리의 믿기 전 상태를 가리켜 "그리스도 밖에 있었고 … 세상에서 소망이 없고 하나님도 없는 자이더니"라고 말한다. 기본적으로 우리는 예수님의 친구가 될 자격이 없었다. 우리는 외인이었고, 훼방자였고, 적대자였고, 무관심자였고, 반역자였다. 그리고 죄 가운데서, 우리는 다른 사람에게도 자주 그렇게 대한다. 그래서 우리는 서로에게도 연합되거나 가까워질 자격이 없다.

하지만 하나님은 우리를 향해 다른 계획을 갖고 계셨고, 그 아들을 통해 그 계획을 실행에 옮기셨다. "이제는 전에 멀리 있던 너희가 그리스도 예수 안에서 그리스도의 피로 가까워졌느니라 그는 우리의 화평이신지라 둘로 하나를 만드사 원수 된 것 곧 중간에 막힌 담을 자기 육체로 허시고"(엡 2:13-14). 우리는 배척과 단절에서 벗어나 가까워졌다. 반역과 무관심과 적대를 극복하고 가까워졌다. 이는 그리스도와의 연합을 위함이요, 그리스도를 통해 서로와의 연합을 위함이었다. 그리스도께서 우리를 구원하시어 우리로 그분과 친구가 되게 하셨고 다른 사람과도 친구가 되게 하셨다.

예수님은 우리의 중재자가 되신다(롬 8:34).

좋은 친구는 자기 친구 편에 선다. 친구를 위해 매 맞음도 감수하고, 친구를 대신해서 자기가 하지 않은 일에 대한 벌도 받는다. 하지만 아무리 해도 로마서 8장 34절이 의미하는 것에는 조금도 미치지 못한다. "누가 정죄하리요 죽으실 뿐 아니라 다시 살아나신 이는 그리스도 예수시니 그는 하나님 우편에 계신 자요 우리를 위하여 간구하시는 자시니라."

그분은 우리의 동료가 아님에도 우리 대신 처벌을 받으신다. 그분은 우리의 변호사가 아님에도 재판관이신 하나님 앞에서 우리를 대변하신다.

그분이 우리의 중재자가 되시는 이유는, 우리가 하나님과 올바른 관계가 되려면 그분이 죄 없이 죽으시고 죽은 자 가운데서 다시 살아나셔서 영광중에 아버지의 우편에 오르셔야 했기 때문이다. 이 모든 게 필수였다.

그러므로 그분의 중재는 "제발요, 아버지, 이 불쌍한 사람에게 기회를 주세요"라는 분위기를 동반하지 않는다. 그분은 우리의 사건을 놓고 변론하지 않으신다. 그럴 필요가 없으시다. 우리를 위한 그리스도의 중재는, 우리가 그분의 소유라는 선포요, 우리가 그분과 함께라는 선포요, 우리가 그분의 피로 깨끗하게 되었다는 선포요, 우리가 그분의 의로 옷 입었다는 선포다.

예수님은 우리와 함께 유산을 나누셨다(롬 8:17).

예수님은 하나님의 독생자다. 하나님의 모든 영광의 상속자이며, 하나님은 만물을 예수님의 통치와 권위 아래 두셨다. 그런데 로마서 8장 17절은 우리를 "그리스도와 함께한 상속자"라고 말하는데, 이는 2장에서 살펴본 바와 같이, 우리가 하나님의 자녀로 입양되었기 때문이다. 그리스도께서는 그분의 부요함(풍성한 은혜와 용서와 회복과 영광)을 우리와 나누신다. 그분은 우리를 빈궁함에서 벗어나게 하셨고, 우리는 영원히 그분과 함께 다스릴 것이다. 예수님은 친구에게 영원토록 복을 부어주신다.

'죄인들의 친구이신 예수님'이라는 의미가 바로 이것이다. 예수님은 믿음 외에 아무것도 바라지 않으신 채 우리를 친구로 삼으신다. 게다가 아무 자격도 없는 우리에게 예수님이 가지신 전부를 주신다. 그분의 우정은 구원 그 자체다.

죄인들의 안식처

이 모든 것이 교회에 속하는 것과 무슨 상관이 있을까? 모든 것과 상관이 있다. 교회의 목적은 예수 그리스도를 세상에 선포하고 알리는 것이다. 교회는 사람들이 '진짜 예수님'을 만나는 곳이자 방법이다. 옛 찬송가 '예수, 죄인들을 위한 좋은 친구'는 예수님을 '구원하고, 돕고, 지키고, 사랑하는' 분으로 묘사한다. 죄인들을 환대해서 하나님의 가족으로 변화시키시는 분에 대해 이보다 더 좋은 설명은 없을 것이다.

그리스도인인 당신은 예수님으로부터 이런 변화와 환대를 경험했을 것이다. 그러니 이제는 다른 사람들에게로 그것을 확장시키는 기쁨과 특권이 당신에게 있다. 우선 교회에서 시작하라. 왜냐하면 "너희가 서로 사랑하면 이로써 모든 사람이 너희가 내 제자인 줄 알"(요 13:35) 것이기 때문이다. 교회 안에 있는 동료 죄인들과 서로 사랑하고 우정을 쌓는 것은 세상에 그리스도를 전하는 것이다. 이것은 매력적인 (그리고 세상의 기대로는 다소 이상한) 초청이다.

우리는 예수님의 환대와 우정을, 아직 그분을 만나지 못한 사람들에게도 넓게 열어야 한다. 자기가 무가치하다고 느끼는 모든 사람, 곧 수치를 당한 사람들, 방황하는 사람들, 무너지는 사람들, 버림받은 사람들에게로 말이다. 우리 역시 아주 최근까지 그런 사람**들이었고**, 그래서 그들의 필요를 잘 안다. 우리는 예수님의 품 안에서 발견한 자유와 생명을 안다.

'죄인들의 친구'는 교회에서 누리는 소속감의 기초다. 그것이 없다면, 아무도 소속될 수 없을 것이다. 예수님의 우정은 상처와 수치로부터의 안전을 보장한다. 진짜로 정직해질 수 있는 문을 연다. 이는 그리스도인의 연합의 본보기이자 능력이다. 예수님과의 우정은 우리의 갈망을 채우고 우리의 미래와 방향을 형성한다. 삶의 목적을 정의하고, 우리로 하여금 그 우정을 깊이 누려서 주변 사람들에게 예수님의 사랑을 드러내게 한다. 그리스도의 몸인 교회는 모든 그리스도인에게 소속감의 맥락과 환경과 수단이 된다. 교회는 예수님이 우리 죄인들의 친구라는 사실을 보여주고 선포하는 곳이기 때문이다.

자, 그러므로 교회에 진정으로 속하는 방법은 다음과 같다. 성령님의 도움을 받아 예수님의 발자취를 따르라. 교회의 유익을 위해 당신의 삶을 드리라. 예수님과 그 백성을 사랑하는 일에 전심으로 기쁘게 자신을 헌신하라. 당신이 이렇게 하고, 또 다른 사람들도 당신에게 이렇게 하도록 허락할 때, 당신은 소속감을 갖게 될 것이다. 그리고 이렇게 소속감을 갖게 될 때, 당신은 당신이 창조된 목적에 맞게 달콤하고 깊고 생동감 넘치는 친교를 누리게 될 것이다.

실천사항

- 당신의 자격 없음에도 불구하고 예수님이 당신을 위해 얼마나 많은 일을 하셨는지를 볼 때, 당신은 경이감을 느끼고 예배하고 싶은 마음이 생기는가? 그런 깨달음과 반응은 신앙생활에 활기를 주며, 그것을 다른 사람들과 나누는 것이 우리를 그리스도의 몸으로 하나 되게 한다. 어떻게 하면 그런 경이감과 찬양이 당신 일상의 일부가 되게 할 수 있을까?

- 교회의 목적은 예수 그리스도를 세상에 선포하고 알리는 것이며, 우리는 예수님이 하신 것과 똑같이 죄인들에게 친구가 됨으로써 그렇게 한다. 그들이 교회 안에서 지극히 사랑받고 환대받는다고 느끼게 하려면, 당신의 삶에서 사람들에게 어떻게 예수님의 마음을 비출 수 있을까?

- 이 책은 지역 교회에서 복음적 소속감이 어떤 모습이어야 하는지에 관해 당신의 관점을 어떻게 바꾸어주었는가? 어떤 점에서 다르게 생각하고, 다르게 사랑하고, 다르게 행동하게 되었는가?

토 론 가 이 드

❶ 요한복음 15장 13-17절을 읽어 보라. 예수님의 친구가 된다는 것의 의미는 무엇인가?

❷ 왜 서로 사랑하는 것이 예수님과 친구가 되는 것의 필연적인 결과인가?

❸ 149-153쪽의 두꺼운 글씨의 문장들을 읽어 보라. 그중에 가장 놀랍고 충격적인 내용은 무엇인가?

❹ 이런 예수님에 관한 진리는 어떻게 우리가 교회에서 소속감을 얻도록 돕는가?

❺ 어떻게 하면 당신이 죄인들의 '친구'이신 예수님의 성품을 더욱 잘 반영할 수 있을까? 구체적인 아이디어를 생각해 보라.

❻ 다른 교인들을 향한 당신의 태도와 행동에 있어서, 이 책을 읽고 난 후에 당신이 변화된 부분은 무엇인가?

사명선언문

너희가 흠이 없고 순전하여……세상에서 그들 가운데 빛들로
나타내며 생명의 말씀을 밝혀 _ 빌 2:15-16

1. 생명을 담겠습니다
만드는 책에 주님 주신 생명을 담겠습니다.
그 책으로 복음을 선포하겠습니다.

2. 말씀을 밝히겠습니다
생명의 근본은 말씀입니다.
말씀을 밝혀 성도와 교회의 성장을 돕겠습니다.

3. 빛이 되겠습니다
시대와 영혼의 어두움을 밝혀 주님 앞으로 이끄는
빛이 되는 책을 만들겠습니다.

4. 순전히 행하겠습니다
책을 만들고 전하는 일과 경영하는 일에 부끄러움이 없는
정직함으로 행하겠습니다.

5. 끝까지 전파하겠습니다
모든 사람에게, 땅 끝까지, 주님 오시는 그날까지
복음을 전하는 사명을 다하겠습니다.

서점 안내

광화문점　서울시 종로구 새문안로 69 구세군회관 1층
　　　　　02)737-2288 / 02)737-4623(F)

강남점　　서울시 서초구 신반포로 177 반포쇼핑타운 3동 2층
　　　　　02)595-1211 / 02)595-3549(F)

구로점　　서울시 동작구 시흥대로 602, 3층 302호
　　　　　02)858-8744 / 02)838-0653(F)

노원점　　서울시 노원구 동일로 1366 삼봉빌딩 지하 1층
　　　　　02)938-7979 / 02)3391-6169(F)

일산점　　경기도 고양시 일산서구 중앙로 1391 레이크타운 지하 1층
　　　　　031)916-8787 / 031)916-8788(F)

의정부점　경기도 의정부시 청사로47번길 12 성산타워 3층
　　　　　031)845-0600 / 031)852-6930(F)

인터넷서점　www.lifebook.co.kr